관찰사의
일상과 공간

관찰사의
일상과 공간

초판 1쇄 인쇄일	2025년 11월 19일
초판 1쇄 발행일	2025년 11월 26일

기 획	한국국학진흥원
지은이	이선희
펴낸이	한선희
펴낸곳	국학자료원 새미(주)
	등록일 2005 03 15 제251002005000008호
	경기도 고양시 덕양구 권율대로 656 원흥동 클래시아 더 퍼스트 1519, 1520호
	Tel 02)442-4623 Fax 02)6499-3082
	www.kookhak.co.kr
	kookhak2010@hanmail.net

ISBN	979-11-6797-265-1 *94910
	979-11-6797-264-4 *94910 (세트)
가격	13,000원

한국국학진흥원 전통생활사총서 41

이선희 지음
한국국학진흥원 기획

관찰사의
일상과 공간

국학자료원

한국국학진흥원은 2022년부터 문화체육관광부의 지원 아래 전통생활사총서 사업을 기획하였다. 이 사업은 전통시대 생활문화를 대중에게 널리 알리고자 해마다 20명의 생활사 전문 연구진을 섭외하여 추진해 왔다. 지난해까지 40종의 총서를 대중에게 선보였고, 올해도 다채로운 주제를 담은 20권을 발간하였다.

한국국학진흥원은 국내에서 가장 많은 67만여 점에 이르는 민간 기록물을 소장하고 있는 기관이다. 대표적인 민간 기록물이라 할 수 있는 일기와 고문서는 당시 사람들의 일상을 세밀하게 이해할 수 있는 생활사의 핵심 자료이다.

그동안 한국의 역사는 '조선왕조실록'이나 '승정원일기'와 같이 세계적으로 자랑할 만한 국가 기록물의 존재로 인해 중앙을 중심으로 이해되어 온 경향이 있다. 반면 민간의 일상생활에 대한 이해와 연구는 상대적으로 덜 주목받은 것도 사실이다. 다행히 한국국학진흥원은 일찍부터 민간에 소장되어 소실 위기에 처한 자료들을 수집하고 보존 처리하며 관리해 왔다. 나아가 이들 자료를 번역하고 심층 연구하여 대중에 공개했다. 이러한 민간 기록물을 활용하고 일반 대중에게 기여할 수 있는 효과적인 방법으로, '전통시대 생활상'을 생생하게 재현한 대중서로 집필하기에 이르렀다. 이는 일반인이 쉽고 재미있게 읽을 수 있는 전통생활사총서를 간행한 이유이기도 하다.

총서 간행을 위해 일찍부터 생활사의 세부 주제를 발굴하는 전문가 자문회의를 개최하고, 전통 생활문화를 가장 잘 구현할 수 있는 핵심 키워드를 선정하였다. 인간의 생활을 규정하는 보편적 분류인 정치, 경제, 사회, 문화의 큰 틀 아래, 매년 각 분야에서 핵심적이고 흥미로운 키워드를 선정하여 집필 주제를 정했다. 이번 총서의 키워드는 정치는 '지방 수령의 생활', 경제는 '시장 경제와 화폐 유통', 사회는 '질병과 의료', 문화는 '여가생활'이다.

각 분야마다 5명의 전공자로 집필진을 구성하고, 독자들이 어디서나 가볍게 들고 다니며 쉽게 읽을 수 있도록 다양한 사례를 풍부하게 담아달라고 요청하였다. 풍부한 사례 제시와 더불어 전문 연구자의 깊이 있는 시각을 담아 대중성과 전문성을 동시에 담보할 수 있는 것이 본 총서의 매력이다.

전문적인 서술로 대중을 만족시키기는 결코 쉽지 않다. 원고 의뢰 이후 5월과 8월에는 각 분야의 전공자를 토론자로 초청하여 2차례의 포럼을 진행하였고, 11월에는 완성된 초고를 바탕으로 대규모 학술대회를 개최하였다. 포럼과 학술대회를 통해 원고의 방향과 내용이 더욱 견고해지도록 점검하는 시간을 가졌다. 원고 수합 이후에는 각 책마다 전문가 3인의 심사 의견을 받았다. 출판사를 선정하여 수차례의 교정과 교열 작업을 거치며 완성도를 극대화했다. 책이 세상의 빛을 보기까지 꼬박 2년이 걸렸다. 짧다면 짧은 기간이지만, 2년의 응축된 시간 동안 꾸준히 검토 과정을 거쳤고, 토론과 교정을 통해 원고의 완성도를 높이기 위해 분주히 노력했다.

전통생활사총서는 국내에서 간행하는 생활사총서로는 가장 방대한 규모이다. 국내에서 전통생활사를 연구하는 학자 대부분을 포함하였다. 2024년도 한 해의 관계자만 연인원 백 명이 넘는 명실공히 국내 최대 규모의 생활사 프로젝트이다.

1990년대 이후 폭발적으로 증가했던 일상생활사와 미시사 연구에 대한 학계의 관심이 근래 들어 다소 소홀해진 상황이다. 본 총서의 발간이 생활사 연구에 활력을 불어넣는 계기가 되기를 기대한다. 연구의 활성화는 연구자의 양적 증가로 이어지고, 연구의 질적 향상 또한 이끌 것이다. 이는 전통문화에 대한 대중들의 관심 역시

증폭시키는 선순환을 만들어 낼 것이라 고대한다.

본 총서는 한국국학진흥원의 연구 역량을 집적하고 이를 대중에게 소개하기 위해 기획된 대표적인 사업 중 하나이다. 참여 연구자의 대다수가 전통시대 전공자이며 앞으로 수년간 지속적인 간행을 준비하고 있다. 올해에도 20명의 새로운 집필자가 각 어젠다를 중심으로 집필에 들어갔고, 내년에 또 20권의 책이 간행될 예정이다. 앞으로 계획된 총서만 100권에 달하며, 여건이 허락하는 한 이 소중한 작업을 지속할 예정이다.

대규모 생활사총서 사업을 지원해 준 문화체육관광부에 감사하며, 본 기획이 가능하게 된 것은 한국국학진흥원에 자료를 기탁해 준 분들 덕분이다. 다시 한번 깊이 감사드린다. 아울러 총서 간행에 참여한 집필자, 토론자, 자문위원 등 연구자분들께도 진심으로 감사 인사를 전한다. 책의 편집을 책임진 국학자료원에도 고마움을 표한다. 이 모든 과정은 한국국학진흥원 여러 구성원들의 노력이 있었기에 가능했다.

2025년 11월

한국국학진흥원 인문융합본부

차례

이 책은 조선시대 관찰사에 대한 안내서로 역할 하고자 한다.

전국을 8도로 나누어 지방을 다스렸던 조선시대에 각 도의 최고 통치권자로 한 명의 관찰사를 세웠다. 현재 도지사나 거버너Governor 와 비슷한 직위였다. 요즘도 공무원을 중앙직과 지방직으로 나누듯 이 그때도 경관직과 외관직으로 나누었다. 왕이 있는 서울과 그 바 깥을 나눈 호칭이다.

관찰사의 위상은 외관직에서 으뜸이었다. 도道의 모든 수령과 지 방관을 관할했고 도내 백성의 안위를 책임졌다. 관찰사는 비록 죄 를 지어 파직 상태라고 하더라도 도를 통치하는데 그를 대신할 자 가 없었다.[1] 당장 잡아 처리하라는 왕명이 있거나 대간의 탄핵을 받 은 경우가 아니라면 신임관이 도착하여 얼굴을 맞대고 업무교대를 하기 전까지 도내 행정은 관찰사가 맡았다. 관찰사의 권한과 책임 의 무게가 어느 정도였는지 알게 하는 대목이다.

그러나 관찰사에 대한 대중적 인지도는 전혀 없거나 크게 부족해 보인다. 예컨대 「탐관오리를 고치고, 호식虎食의 한을 풀어준 전설」 에 탐관오리는 김해 부사 즉 수령이 등장한다. 탐관오리 하면 떠오

르는 춘향전 속 악덕한 지방관도 수령이다.

많은 문학작품 속에 등장하는 지방관은 사또 혹은 원님이란 이름으로 수령이 얼마나 탐학하며 부패했는지를 소개하였다. 악명이 높긴 하나 수령을 소개할 때 변사또를 말하거나 원님을 말하면 대중들에게 곧 이해되곤 한다.

하지만 일도지주一道之主라 불리며 도내 모든 지방관을 총괄하던 관찰사는 매우 낯선 현실이다. 낯설다기보다 관찰사라는 관직이 있는지를 아예 모르는 정도이기도 하다.

왜냐하면 변사또 등 탐관오리를 물리쳐 준 관리는 대부분 암행어사였기 때문일 것이다. 이러다 보니 탐관오리가 등장하는 설화나 문학작품을 읽은 사람에게 조선시대 지방행정은 백성을 다스리는 수령, 그리고 가끔 몰래 찾아오는 암행어사가 국가에서 백성을 통치하기 위해 마련한 전부라고 인식되었을 것이다.

국가가 백성을 다스리기 위한 행정 체계에서 관찰사가 도내 모든 지방관을 감독했다는 점을 발견한다면 지방행정의 얼개가 새롭게 드러날 수 있을 것이다. 즉 관찰사에 대한 안내를 통해 조선시대 관료제가 어느 정도 정밀했는지, 지방 통치 체계를 통해 백성이 반응할 수 있는 행정력이 어떠하였는지를 소개하려 한다.

조선시대 백성을 통치하던 정교한 체계와 구조 소개

수령을 관리 감독하는 관찰사에 대한 낮은 인지도에 비해 백성의 통치권자로서 수령이 유독 두드러지면서 수령권이 실제보다 훨씬 과장되었다. 멀리 떨어진 궁궐 속 왕과는 상관없이 고을 행정 운영과 백성을 통치하는데 독단하는 통치자로 대중에게 오해되는 양상을 초래한 것이다.

그러나 조선이 건국될 때 이미 오백 년 동안 정비된 고려의 행정 시스템에 기반하고 있었다. 오백 년의 경험치에서 시작하여 또다시 오백 년을 거치는 동안 다듬어지고 유지된 조선의 행정 체계는 정교하게 조직되고 운영되었다.

과학성과 합리성에 기반한 근대적 시각은 현대인들이 전통사회를 바라볼 때 일정한 방향으로만 치우치게 하는 편광偏光 현상을 일으키게 한다. 조선시대 지방행정은 개인 역량과 인품에 따라 통치력이 큰 격차를 갖는다거나, 균질성이 확보될 수 없어서 주먹구구식으로 대충 이루어졌을 것으로 어림하고 상식처럼 받아들여지는 듯하다.

하지만 관료제 사회에서 관료의 부정부패를 막고, 각 직책마다의 균질성 확보를 통한 안정된 행정 운영은 고금을 막론하고 국가 존망과 직결된 사항이다. 조선 또한 국가 유지와 사회 안정을 위해 관료제 체계와 운영 방식에 필요한 제도를 마련하고 개선 작업을 위해 꾸준히, 치열하게 논의하였다. 조선의 행정 체계가 세련되었다고 하면 고개를 갸웃할 수도 있을 것이다.

이러한 의구심에 구체적인 실제로 답하고 조선 사회에 대한 인식의 전환을 이끌 소재가 관찰사인 것이다. 조선 백성에게 작동된 지방행정의 그물망은 그대로 국가 권력에 대한 백성의 반향이 전달되는 연결망이었다. 그 정점에 관찰사가 있었다. 중앙과 지방을, 왕과 백성을 잇는 중심점이었다. 그렇기에 관찰사의 일상과 공간, 그리고 제도 확립 과정을 살펴보노라면 수령의 실체도 찾게 되지 않을까 한다.

이제까지, 그리고 지금도 여전히 연구 과정을 응원해 주는 이달훈, 이도규, 이선규에게 감사하고 사랑하는 마음을 전한다.

1

관찰사의 행차

―부임과 순행 모습

임명에서 출발까지

조선시대 전국을 8도로 나누고 각 도에 1명의 장관을 두어 관찰사라 했다. 관찰사는 공식 직함이고 감사로도 불렸다. 도내 소속 지방관을 통솔하고 백성이 살아가는 삶에 필요한 국가 통치 일반을 모두 관할하는 자리인 만큼 관품과 권한은 지방관 중 으뜸이었다. 관찰사가 감찰하고 지방행정 운영을 위해 교류해야 하는 관료의 수효는 경상도만 예로 들자면 71개 고을의 수령이 최소 관원 수였다. 임명되어 국왕을 뵙는 일부터 감사의 관청인 감영에 도착하는 과정이 그렇게 부산한 것도 관찰사가 도의 최고 통치권자라는 점에서 이해될 만하다.

관찰사의 부임 과정을 단계별로 보면 ①첫 단계는 적임자를 임명하는 과정으로 시작된다. ②임명된 신임 감사는 국왕과 중앙 요직의 관료들에게 하직 인사를 해야 한다. 국왕을 만나는 것을 '사은숙배謝恩肅拜'라 한다. 이 자리에서 교서敎書·유서諭書·밀부密符·절월節鉞을 신임 감사에게 하사했다. 사은숙배 후에는 감사직 임명 과정에 중요한 관료들과 전임 감사 등에게 두루 하직 인사를 다녔다. ③이제 부임지로 향하기 위해 해당 도의 아전들이 신임 감사를 모시러 오면 본격적인 출발 준비가 이루어진다. 출발에 앞서 대궐에 들어가 사조辭朝하고 도성을 나서며 전별을 받는다. ④관찰사의 교대식을 '교귀식交龜式'이라 한다. 새로 부임하는 도의 초입에서 구임관은 신임 관찰사를 직접 맞이하고 도내 장관의 직을 이양한다. ⑤신임 관찰사가 도내로 들어서는 순간부터 소속 고을 수령들은 신임 감사와의 첫인사인 '연명례延命禮'를 행한다. 도내 중심에 위치한 감영에 도착하는 것으로 부임 행차는 마무리된다. 그래도 이후 며칠 동안 연명례는 계속된다.

사은숙배와 사조

관찰사뿐만 아니라 조선시대 관직자 선발 과정은 까다로웠다. 삼망제三望制에 따라 후보자를 세 명으로 좁혀 올리면 국왕은 이 중에서 한 사람을 낙점했다.

관찰사는 국왕 앞에 나아가 관직에 임명된 것에 대해 인사를 올렸는데 이를 사은숙배라고 한다. 관찰사로 임명되면 그 근무 일수는 사은숙배 한 날로부터 계산되었다. 도 장관인 관찰사라서 그렇고, 수령은 부임지에 도착한 날로부터 근무 첫날이 시작되었다.

숙배는 임명된 다음 날 행하는 것을 원칙으로 하였고 복장은 흑단령 차림이었다. 〈그림 1〉은 박문수 초상화이다. 암행어사로 유명한 그였지만 경상도·평안도·함경도의 관찰사를 지내며 여러 도의

그림 1

〈박문수 초상〉, 흑단령을 입은 박문수 초상화,
한국민족문화대백과사전 전재

백성을 살폈던 인물이다. 초상화에 있는 모습으로 임금을 뵙고 숙
배를 올렸다.

　새로 부임하는 관찰사에게 국왕이 건넨 말이 실록 기사에 많이 등
장한다. 그도 그럴 것이 국왕을 대신하여 전국에 8개밖에 없는 도道
중에서 1개 도를 전담하는 관찰사에게 왕의 당부가 빠질 수 없었다.
특히 부임하는 도의 현안에 대해 국왕이 미리 살펴본 내용을 전하면
서 좋은 정치를 펼 것을 부탁하곤 했다. 실제 대화 내용을 들어보자.

"내가 경卿을 발탁하여 지방관을 출척黜陟하는 임무에 제수한 것은 나의 뜻을 저버리지 않기 때문이다. 전라도는 땅이 넓고 사람이 조밀하니, 모름지기 강剛으로 유柔를 이기고 유柔로 강剛을 도와 수령의 비행非行을 용서하지 않고 백성으로 하여금 생업에 편안하게 해야만 할 것이다. 경은 나의 마음을 본받아 그대의 직책을 다하기에 힘쓰라."

—『성종실록』22년 6월 21일

여기서 '내가'라고 한 것은 성종으로 새로 임명된 전라감사 김극검이 숙배 단자를 올리니 건넨 말이다. 출척이란 지방관을 감찰하여 선정을 베푼 수령은 승진시키고 직임을 잘하지 못한 자는 강등시키거나 파직시키는 관찰사의 중요한 책무였다. 해마다 6월과 12월에 정기적으로 치렀던 관찰사의 인사고과는 장을 달리하여 '관찰사의 한해살이'에서 자세히 설명하겠다.

임금과 신임 감사가 만나는 의례는 지방 통치에 있어 중요한 자리였다. 하지만 연임되어 지방에 있거나 새로 부임할 곳이 당시 근무지와 가깝다면 어떻게 해야 할까? 조선 사회가 선택한 방법은 효율적 생략이었다. 왕명으로 사은숙배가 면제되곤 한 것이다. 예컨대 충청감사로 있다가 경상감사로 임명된 홍억이라든지 경주부윤에 재직 중 충청감사로 임명된 심이지는 서울에 올라오지 않고 근무지에서 바로 새로 일할 감영으로 출발했다.

한편 사은숙배하는 자리는 중요한 의견을 낼 수 있기에 신임 감사에게도 기회였다. 특히 도임지가 가뭄 등으로 어려운 때라면 감세 등의 예민한 문제를 제안하여 부임 전부터 이미 도내 백성을 위한 활동을 시작했다.

임명 후 출발 때까지 신임 감사는 하직 인사로 매우 분주한 나날을 보내야 했다. 하직 인사할 곳은 한두 곳이 아니었다. 비변사 대신들, 인사행정 담당 관청인 이조의 관료들, 탄핵과 감찰을 맡은 대간들에게 인사를 전했다. 이뿐만 아니라 본인과 같은 감사직을 거친 전임 감사와 감사직을 수행하는 데 도움이 될 지역 정보를 줄 수 있는 사람들을 개별 방문하여 임명 인사와 관찰사 업무를 수행하기 위한 여러 자문과 정보를 들었다. 흥미로운 것은 『목민심서』에서 정약용은 이 같은 인사를 전하는 자리에서 "감사하다"라는 말을 해서는 안 된다고 강조한 것이다. 참으로 어려운 주문이지만 오해가 생기지 않도록 주의해야 할 자리였기에 정약용의 권면이 가볍지만은 않다.

그 준비가 번잡해서인지 사조 기한이 법적으로 제한된 경우도 있었다. 전임 감사가 불미한 이유로 갑자기 공석이 된 경우와 전임관이 파직된 경우에는 20일 이내에, 죄를 지어 잡혀갔다면 15일 내에 사조를 마치도록 했다.

사은숙배 후 사조까지 얼마나 걸렸을까? 1751년(영조 27)에 경상감사를 지낸 조재호는 윤 5월 10일에 임명되어 5일 후에 사은숙배를 했다. 출발 준비를 마치고 다시 대궐에 들어가 사조한 날은 6월 2일이었다. 윤 5월이 29일까지 있었으니 사은숙배한 날로부터 17일 만에 사조하였고 도성을 나섰다.

교서·유서·밀부·절월

신임 감사가 되면 임명장인 고신告身뿐만 아니라 교서敎書·유서諭書도 받았다. 교서는 신임 감사에게 그가 맡은 백성에게 선정善政을 베풀라는 왕의 뜻이 담겼다.[2] 아래 자료는 숙종 때인 1693년에 전라도 관찰사 박경후朴慶後가 받은 유서이다.

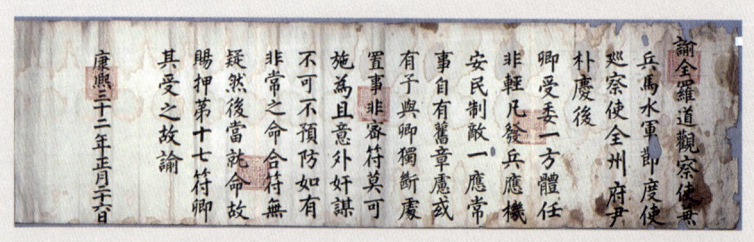

그림 2
「전라도 관찰사 박경후 유서」, 한국학중앙연구원 소장, 부여 은산 함양박씨 구당 박세영 종가 기탁

"①전라도 관찰사 겸 병마수군절도사 순찰사 전주부윤 박

경후에게 내리는 유서

경은 한 지방을 위임받았으니 맡은 책임이 가볍지 아니하

다. 무릇 군사를 동원하고 사변事變에 대응하며 백성을 편안

하게 하고 적을 제압하는 모든 일상적인 일은 본래 옛 제도

가 있다. 혹시 내가 경과 함께 독단하여 처리할 일이 있게 되

면 밀부密符가 아니고서는 시행할 수 없을까 염려한다. 또 뜻

밖의 간사한 모략은 미리 방비하지 않을 수 없다. 만일 비상

非常한 명령이 있으면 부절符節을 합하여 의심이 없은 뒤에야

명을 따라야 할 것이다. 그러므로 친압親押한 제②**17부**符를

내려 주니, 경은 이를 받으라. 이에 유시한다."

붓으로 써진 문서는 박경후만을 위해 작성되었다. 하지만 관료제

에서 중요한 것은 균일함이고 이를 위해 문서 양식은 필수다. 관료

사회였던 조선시대에도 주요 공문서는 일정한 양식이 지정되어 있

었다. 박경후만에게만 적용된 내용은 딱 두 곳뿐으로, ①에 직함과

성명, ②에 숫자뿐이고 나머지 모든 글자는 동일하게 작성된 것이

유서식이다. ②에 들어가는 숫자는 밀부에 새겨진 번호에 따라 채

워졌다.

밀부는 1번부터 45번까지 만들어져 있었다. 왕은 신임 감사에게 1번부터 순서대로 밀부를 주지 않았다. 밀부는 군대를 일으킬 수 있는 병권을 상징하므로 임의로 뽑히는 대로 정해서 남이 예측하지 못하게 했다.

위 유서에 적혀 있듯이 밀부는 국왕과 관찰사 양방향으로 중요한 확인 물증이었다. 위급한 때에 관찰사가 군대를 동원할 필요가 생기면 이를 왕에게 보내 확인을 받았다. 밀부를 받은 국왕은 밀부를 맞춰보고 진위를 판별한 후 발병을 허락했다. 반대로 국왕이 관찰사에게 발병하여 움직일 것을 왕명으로 내리면 관찰사는 진짜 국왕의 명령인지 밀부를 통해 확인했다.

밀부는 둥글고 얇은 나무 패로 밀병부密兵符라고도 한다. 〈그림 3〉은 대한제국 때 사용된 도장 종류인 보인과 각종 중요한 패들을 일

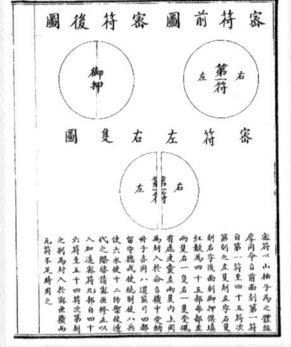

그림 3
『보인부신총수』, 한국학중앙연구원 소장

컫는 부신을 그림과 글로 설명한 『보인부신총수寶印符信總數』 중 밀부에 대한 부분이다.

그림 중 위 칸을 보면 한 면에는 '제○부', 또 다른 면에는 국왕의 어압御押이 있고 좌우로 나뉘어져 있다. 아래 칸에는 밀부를 좌우로 나눈 모습을 보여준다. 신임 감사에게 우척을 주고, 좌척은 국왕이 궁궐에 두었다가 비상 상황에 멀리 떨어진 왕과 감사가 진위 여부를 가르는 확인 장치로 사용했다.

〈그림 4〉는 류성룡(1542~1607)의 유품으로 유서를 담는 유서통이다. 관찰사는 유서통을 항상 가지고 다녔다. 그도 그럴 것이 유서에 임금과 감사만이 아는 밀부의 번호가 적혀 있으니 밀부와 함께 감사가 직접 관리했다.

그림 4
류성룡의 유서통, 한국민족문화대백과사전에서 전재

절월節鉞은 깃발인 '절'과 도끼 모양인 '월'이 합쳐진 말로 감사의 생살권生殺權을 상징하는 두 개의 의장물을 가리킨다. 절과 월은 관찰사를 상징하는 의물이라서 관찰사가 행차할 때면 맨 앞에 나섰고 관찰사가 자리를 잡은 곳 앞에 세워졌다. 절월의 모양과 행차 장면은 절을 달리하여 '순행 행차'에 실었다.

> "비록 여러 신하들에게 내린 교유서라 하더라도 모두 정문을 경유하여야 한다. (중략) 마땅히 정문을 경유하여야 하는데 모두 동문東門을 경유했다고 하니 일의 이치가 그렇지 않다."
>
> ─『영조실록』28년 4월 10일

이 실록 기사는 영조가 교서와 유서가 궁궐 동쪽 문으로 내 보내졌다는 일을 듣고 의례를 담당한 관료에게 명령한 내용이다. 동문은 문관이 지나다니는 길로, 교서와 유서를 받은 신하가 지나갈 만했다. 하지만 신하가 아니라 교서와 유서의 격식에는 맞지 않는다고 영조가 이를 시정한 것이다. 교서와 유서는 곧 임금의 뜻과 글을 담고 있어서 왕과 같이 다루어져야 했던 것이다.

정조 때 일화도 교유서와 밀부가 어떻게 다루어졌는지를 잘 보여준다. 1798년에 황해도 감영에 불이 났다. 불은 감영의 중심 건물인 선화당에서 번졌고 황해감사 이의준은 집무하며 옆에 내려놓았을 교유서와 밀부를 꺼내려고 화염을 무릅쓰고 들어갔다. 그는 얼굴과 손발에 크게 화상을 입었지만 물건을 꺼내오지는 못했다. 감사가 차고 있던 밀부, 교서와 유서 등이 모두 불타버렸다. 사정을 보고받은 정조는 밀부 한 쪽과 절월節鉞 각 한 개씩을 선전관宣傳官을 파견하여 특별히 내려보냈다.

왕의 대행자인 관찰사이기에 왕을 상징하는 교유서는 감사의 권위를 상징하면서도 감사보다 우선하는 자리에 있었다. 도내 소속 수령들이 신임 감사에게 첫인사를 올리는데 인사 전에 교유서에 먼저 예를 갖췄다.

교귀식과 연명례

감영까지 일정과 교귀식

사은숙배와 사조를 마친 신임 감사의 부임 일정은 짧지 않았다. 하물며 부임에 효율성을 높이고자 서울로 올라오는 절차를 생략하고 임명 당시 근무지에서 곧바로 출발한 경우도 그렇다. 『금영일기錦營日記』[3]에는 신임 충청감사가 근무지에서 출발하여 공주감영에 도착하기까지의 노정과 그사이 마중 나온 고을 수령들에 대한 내용이 자세하여 소개하려 한다. 심이지沈頤之(1735~1796)는 경주부윤으로 있던 1780년(정조 4) 3월 27일에 충청감사에 임명되었다. 임명 이후 공주 감영에 부임하기까지의 일정을 따라가 보자. 부임 여정 중에 감사를 맞이한 고을 수령과 주변 고을 수령들의 명단이 자세하다. 이들이 어떻게 예우하는지를 통해 관찰사의 위상을 볼 수 있을 것이다. 아울러 관찰사라도 피할 수 없는 여러 날 이동 일정을 보노라면 어느 시대, 어느 직급이라도 겪는 관료의 고된 하루가 체험될 듯하다.

"3월 27일 인사 임용에서 (충청도 관찰사로) 국왕의 재가를 받았다.

4월 6일 (경주에서 충청감영까지 안내하려고 충청감영 소속) 신영하인新迎下人이 찾아왔다.

7일 오후에 5리 길을 나아가서 (신임 충청감사에게 국왕이 내린) 교서·유서를 맞이하여 이끌어 객사客舍에 들어가서 교서·유서를 맞이하는 예를 행했다.

10일 아침 먹은 뒤에 (경주에서) 출발하여 50리를 가서 아화역阿火驛에서 점심 식사를 했다. 또 30리를 가서 영천군 조양각朝陽閣에 숙소를 정했다.

11일 아침 식사 전에 길을 떠나 30리를 가서 하양현에서 점심 식사를 했다. 하양현감 이주헌이 들어와서 뵈었다. 또 50리를 가서 대구에 이르러 점심 식사를 하고 곧바로 (경상)감영에 들어가서 한참 동안 담화를 나누었다. 또 30리를 가서 하빈창河濱倉에 숙소를 정했다.

12일 아침 전에 길을 떠나 40리를 가서 성주에서 점심 식사를 했다. 식사를 마치고 곧바로 성주 동헌에 들어가니 성주목사 남학문이 들어와서 뵈었다. 또 40리를 가서 부상에서 점심 식사를 했다. 또 40리를 가서 금산에 숙소를 정했다. 금산군수 이인림이 들어와서 뵈었다. 김천 찰방金泉察訪이 와서 뵈었다."

위 글은 경주에서 대구감영까지의 일정이 담긴 『금영일기』 내용 중 함께 걸어볼 부분만 가려 정리한 것이다. 팔호 안에 약간의 설명을 추가했다. 경상도에서 떠나 충청도로 가는 여정을 도별로 나누었다. 부임지인 충청도의 행차가 경상도와 어떻게 다른지 비교하려 한다.

관찰사가 부임지로 출발하려면 길잡이를 할 신영하인이 와야만 했다. 말 그대로 신임 감사를 맞이하러 대구에서 부지런히 온 경상감영 소속 아전들이다. 관청 소속 인원을 관속官屬이라 통칭한다. 관속 중에서 장관과 가장 먼저 만나는 자리이고 여러 날의 일정 동안 함께 지낼 신영하인은 아전들 사이에서 매우 중요한 역할이었다. 과연 누가 정해질지를 두고 아전들 사이에서 꽤 눈치 보기가 있었다.

서울에서 내려온 교유서는 왕과 같았기에 지극한 정성으로 맞이하기 위해 고을에서 5리쯤 떨어진 오리정까지 나가서 맞이했다. 심이지가 일하던 경주 관아의 객사라는 곳에서 맞이하여 의식을 치렀다. 객사에는 임금을 상징하는 전궐패殿闕牌가 모셔져 있었다. 지방에서 일하는 지방관들은 궁궐에 가서 임금께 의례를 지낼 수 없기에 전궐패를 임금처럼 우러러 의례를 행한 것이다. 관찰사와 수령 등 지방관들은 매달 1일과 15일 아침에 객사 가운데에 전궐패를 두고 망궐례를 행해 국왕의 뜻을 새겼다.

신영하인이 온 지 닷새 만에 신임 감사의 부임 행차가 경주를 출발했다. 일기를 보면 알겠지만 이후 매일 아침 식사 후에 바로 출발하여 한 번에 30리에서 50리쯤 가서 점심을 가는 중에 먹고 다시 온 만큼 정도를 더 갔다. 감사가 탄 가마 앞뒤로 의장과 악기, 그리고 수행 인원들로 부임 행차는 거창했다. 자세한 광경은 다음 절인 '순행 행차'에서 그림으로 설명하겠다.

노정은 경주 → 영천 → 하양 → 대구감영 → 성주 → 금산으로 〈그림 5〉에 이동 경로를 표시했다. 총 310리였다. 신임 감사가 도착하는 고을 수령이 인사를 올렸다. 이제 같은 직위가 된 경상감사를 대구감영에서 만나서 한참을 얘기 나누고 길을 떠났다.

그림 5

부임 여정 1: 경상도 경주~금산, 〈해동지도〉 위에 편집, 서울대학교 규장각한국학연구원 소장

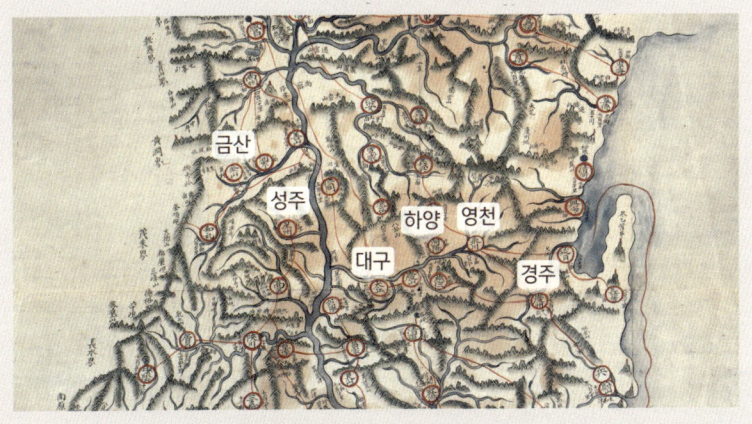

"(4월) 13일 금산군수가 들어와서 뵈었다. 아침 전에 길을 떠나 50리를 가서 황간현 경계 지역에 이르다. **황간현감을 겸임하는 청산현감** 홍경후, **율봉찰방**栗峯察訪 백사근이 황간현 5리 길 전에 나와서 기다리다가 **교서·유서를 바라보고 읍했다.** 앞에서 선도하여 객사에 나아가서 왕명을 맞이한 뒤에 들어와서 뵈었다. 영동현감 윤창주, **심약** 변충기, **검율** 한종호가 왕명을 맞이한 뒤에 들어와서 뵙고는 하직하고 돌아갔다. 또 30리를 가서 **영동**에 숙소를 정했다. 영동현감·율봉찰방이 들어와서 뵈었다. 옥천군수 이헌유가 왕명을 맞이한 뒤에 들어와서 뵙고는 하직하고 돌아갔다.

14일 영동현감·율봉찰방이 들어와서 뵈었다. 아침 전에 길을 떠나 30리를 가서 이원利源에서 점심 식사를 했다. 옥천군수·율봉찰방이 들어와서 뵈었다. 또 30리를 가서 옥천군에서 점심 식사를 했다. 옥천군수가 들어와서 뵈었다. 율봉찰방이 들어와서 뵈었다. 뒤처진 회덕현감 심정진이 **왕명을 맞이한 뒤**에 들어와서 뵙고는 하직하고 돌아갔다. 또 40리를 가서 **회덕**에 이르러 곧바로 후동後洞 송감사宋監司 댁에 나아가 한참 동안 담화하다가 회덕현의 동헌 숙소로 돌아왔다. 회덕현감이 들어와서 뵈었다.

15일 회덕현감이 들어와서 뵈었다. 아침 전에 길을 떠나 40리를 가서 공암孔巖에서 점심 식사를 했다. 충현서원忠賢 書院을 봉심奉審한 뒤에 길을 떠났다. 30리를 가서 공주에서 5리 거리에 이르니, 중군中軍 이성, 영장營將 이운상이 **대기 치大旗幟를 거느리고 왔다.** 공주판관 이덕현, 목천현감 황윤 석이 나와서 기다리다가 **교서·유서를 바라보며** 읍했다. 앞 에서 이끌어 공북루拱北樓에 나아가 교귀交龜하고 나서 감영 에 올라가 좌기坐起했다. 중군中軍 이하의 관원이 **왕명을 맞 이한 뒤에 공·사**公私**의 예를 행하고** 들어와서 뵈었다. 연산 현감 권혜웅, 이성현감 정양채, 남포현감 이상현이 **왕명을 맞이한 뒤**에 들어와서 뵈었다."

경상도 금산에서 충청도 황간으로 들어서면서 감사에게 인사하 러 오는 수령들의 범위와 모습이 확연히 달라졌다. 도 경계 지역이 었던 황간을 맡던 수령이 무슨 일인가 자리를 비우고 있었다. 행정 공백은 백성에게 큰일이라 조선시대에는 겸관兼官을 정해두었다. 휴가 등의 이유로 부임지를 비우게 되면 옆 고을 수령이 공석 기간 동안 임시로 겸하여 다스리며 행정업무를 끊김 없이 살폈다. 청산 현감이면서 황간현감을 임시 겸임한 홍경후와 역참驛站을 담당한

찰방이 5리 전에 미리 나와서 신임 감사를 맞이했다.

이 자리에는 영동현감과 감영 소속 심약과 검률이 함께 와 있었다. 신임 감사가 간직한 교유서가 있었기에 감사에게 보다 먼저 교유서를 맞이하여 "왕명을 맞이"했다. 황간 5리 전에 영동현감이 온 것은 황간 다음 일정이 영동이었기 때문이다.

이렇게 부임 도내로 들어서면 행차가 도착하는 고을 수령과 다음 도착 예정인 고을 수령까지 미리 나와서 신임 감사에게 예를 갖추었다. 예나 지금이나 중요한 자리여도 지각하는 사람이 있지 않나. 심이지가 옥천에 도착하였을 때 다음 행선지인 회덕현감이 늦게 온 모양이다. 일기에 "뒤처진"이라고 꼭 짚어 써놓은 신임 감사의 글을 회덕현감이 알았다면 진땀이 났을지도 모를 일이다.

그림 6

부임 여정 2: 충청도 황간~공주, 〈해동지도〉 위에 편집, 서울대학교 규장각한국학연구원 소장

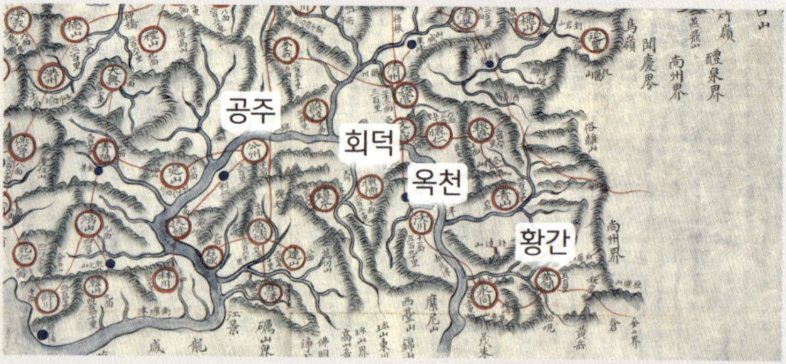

본도 감사에 대한 충청도 수령들의 모습은 경상도에서와는 당연하지만 확실히 달랐다. 충청도로 들어온 후의 노정은 황간→영동→옥천→회덕→공주로, 총 250리였다. 경주를 출발한 4월 10일부터 15일까지 엿새가 걸려 감영에 도착했고 〈그림 6〉에 여정을 그렸다.

교귀식

심이지의 부임 행차를 좀 더 보면 4월 15일에 공주에 닿기 5리 전에 중군과 영장이 대기치를 들고 와 있었다. 대기치는 군영에서 의장과 지휘용으로 사용했던 사방 4자 이상의 대형 기치이다. 〈그림 7〉은 백호기로 사방 5척에 깃대 높이 1장 6척으로 소속된 모든 영에 명령을 내리는 지휘용 기치이다.

그림 7
백호기, 국립고궁박물관 소장, e뮤지엄에서 전재

공주 5리 전에 나와 있던 여러 지방관들은 앞서와 마찬가지로 교유서를 바라보고 읍하기를 먼저 하여 왕에 대한 예우를 갖췄다. 대기치를 앞세우고 공주 공산성의 북문루인 공북루에서 교귀식交龜式을 가졌다.

교귀식은 관찰사의 신임과 전임이 행했던 임무 교대식이다. 교귀식에서 신임 감사는 전임과 직접 만나 얼굴을 마주하였고 병부兵符와 인신印信을 건네받았다. 인신을 주고받는다는 뜻에서 교인식交印式이라고도 한다. 심이지가 교귀식을 행했던 공산성은 금강을 끼고 있는 요새로 한때 감영이 설치되기도 했다.

한편 교귀정이라는 건물을 짓고 이곳에서 교귀식을 거행하기도 했다. 심이지와는 다른 교귀 장면도 견주어 보자.

窮山亭亭號交龜	외진 산 우뚝한 곳을 교귀라 하는데
閱歷長途歲月微	먼 길 두루 지내와 세월도 아득하네
却問年年延送處	물어보네, 해마다 맞이하고 보내는 곳에
幾人英傑幾人非	몇몇은 영웅호걸이고 몇몇은 아니던가

위의 시는 구봉령具鳳齡(1526~1586)의 시문집인 『백담집栢潭集』에 실린 교귀정交龜亭이라는 칠언절구이다. 교귀식이 치러지는 정

자라 하여 '교귀정'이다. 교귀정이 "외진 산 우뚝한 곳"에 있는 이유는 서울에서 도내로 들어오는 초입에 교귀정이 있어서겠다. 대개 도의 경계가 산자락을 따라 나뉘니 도의 초입은 외지고 높은 산이 되기 십상이다. 경상도만 하더라도 문경 새재 위에 교귀정이 있었다. 교귀정은 지나가는 행인이나 여행객들에게도 들를 만한 유명지였다. 도 경계를 건넜다는 표식 같은 장소여서인듯하다.

교귀정이 모두 산꼭대기에 있지는 않아서 전라도 교귀정은 너른 들판에 있었다. 전라도는 서울에서 충청도를 거쳐 전라감사가 부임하니 충청도와 전라도 경계 고을인 여산礪山에 교귀정인 황화정皇華亭이 있었다. 현재 전하는 여러 일기를 보면 황화정에서 뿐만 아니라 교귀정이 있는 여산 고을 동헌에서도 치러지기도 했다. 교귀 장소에 여러 고을 수령들과 감영 소속 관원들이 신임 감사를 정성껏 예를 갖춰 마중하였는데 이를 지영祗迎이라 한다.

교귀식에서 주고받은 중요한 물품은 도내 병부였다. 병부는 군사동원을 위해 필요했던 만큼 관찰사가 갖는 도내 군사통수권에 반드시 필요했다. 『완영일록完營日錄』[4]을 보면, 서유구徐有榘(1764~1845)가 1833년 4월 15일에 교귀정에 행한 교귀식 때 전임 감사 이규현에게서 받은 병부는 총 87개나 되었다. 전라감사가 겸임하는 병마수군절도사의 병부 우척 1개, 오영장五營將의 병부 좌척 5개, 각 진관鎭管 소속 수령의 병부 좌척 56개, 각 진포鎭浦의 병부 좌척 25개 등의 병부를 인수인계한 것이다.

관찰사가 보관하는 병부 우척은 좌척이 국왕에게 있는 것이고, 관찰사가 보관하는 나머지 병부가 좌척인 것은 그 우척을 해당 수령이 가지고 있기 때문이다. 즉 상위자가 좌척을, 하위자가 우척을 지녔다가 비상시에 군사를 출동시킬 위급한 때에 좌척과 우척을 견주어 확인했다.

연명례, 도내 지방관의 첫인사

다시 심이지의 부임 행차로 돌아오자. 교귀식까지 마치고 감영에 들어온 신임 감사를 연산·이성·남포의 수령들이 맞이했다. 이전부터와 마찬가지로 우선 왕명을 맞이한 뒤에 신임 감사에게 들어와서 인사를 올렸다. "왕명을 맞이"하는 것을 일기 원문에 한자로 '영명迎命'으로 적었는데 '연명례延命禮'를 가리킨다. 연명례는 신임 감사가 가져온 국왕의 교유서에 예를 갖추어 배례하는 의례이다. 연명례 후에 신임 관찰사에게 각 고을 수령이 첫인사를 나누며 앞으로의 공적 활동을 다짐하는 자리가 바로 이어졌다. 신임 감사에게 인사하는 것까지를 연명례로 통칭하기도 했다.

충청도는 54개 고을 수령뿐만 아니라 이 외에도 찰방과 감영 소속 관원들이 연명례를 행했다. 연명례를 행한 후에 신임 감사를 대면하여 인사를 나누었다. 연명례는 부임 때 한 차례만 거행했다. 이후 재차 방문한 경우는 연명례를 하지 않고 바로 신임 감사를 만났다.

다음은 『금영일기』에서 신임 감사가 감영에 도착한 다음 날인 4월 16일부터 말일까지 연명례를 행한 인원 정보를 날짜 순서대로 소개한다. 연명례 장면과 해당 고을 수령 명단을 짚어보면 신임 감사와 더불어 소속 고을 수령들의 분주한 나날을 살필 수 있다.

"4월 16일 목천현감·연산현감·이성현감·남포현감이 들어와서 뵙고는 하직하고 돌아갔다. 정산현감 구수한, 음성현감 홍약호, 부여현감 신대권, 청양현감 이명우, 진천현감 조정현, 연기현감 김종범, 이인찰방 홍창원이 연명하고 들어와서 뵈었다.

17일 부여현감·청양현감·연기현감·이인찰방이 들어와서 뵙고는 하직하고 돌아갔다. 회인현감 송위명, 석성현감 홍경인, 청안현감 이면기, 괴산군수 성광묵이 연명하고 들어와서 뵈었다.

18일 괴산군수·청안현감·석성현감·회인현감이 들어와서

뵙고는 하직하고 돌아갔다. 문의현령 이의기, 은진현감 신영이 연명하고 들어와서 뵈었다.

19일 문의현령·은진현감이 들어와서 뵙고는 하직하고 돌아갔다. 비인현감 이가환, 직산현감 정술조는 교서·유서에 숙배한 뒤에 들어와서 뵈었다.

20일 비인현감·직산현감이 들어와서 뵙고는 하직하고 돌아갔다. 홍산현감 서진수, 성환찰방 박종언, 연원도찰방 나혁, 전의현감 이득원이 연명하고 들어와서 뵈었다. 저녁에 개령현감 김원주이 머무는 곳에 나아가 한참 동안 담화하다가 돌아왔다.

21일 연원도찰방·전의현감이 들어와서 뵙고는 하직하고 돌아갔다.

22일 면천군수 이의길, 한산군수 정동민이 왕명을 맞이한 뒤에 들어와서 뵙고는 하직하고 돌아갔다. 서산현감 여선형, 태안군수 박류가 연명하고 들어와서 뵈었다.

23일 서산현감·태안군수가 들어와서 뵙고는 하직하고 돌아갔다. 해미현감 박종욱, 보은현감 이천목, 서원현감 한용화가 연명하고 들어와서 뵈었다. 영동현감이 와서 뵙고는 하직하고 돌아갔다.

24일 해미현감·서원현감·보은현감이 들어와서 뵙고는 하직하고 돌아갔다. 천안군수 이성옥이 연명하고 들어와서 뵈었다.

25일 천안군수가 들어와서 뵙고는 하직하고 돌아갔다. 아산현감 김부근, 결성현감 이사조, 충주목사 이지광, 제천현감 윤영철이 연명하고 들어와서 뵈었다.

26일 아산현감·결성현감·충주목사가 들어와서 뵙고는 하직하고 돌아갔다. 연풍현감 박사흠, 덕산현감 이정환, 홍주목사 정경순, 보령현감 심국현이 연명하고 들어와서 뵙고는 하직하고 돌아갔다.

27일 소근첨사 이정준이 연명하고 들어와서 뵈었다.

28일 소근첨사가 들어와서 뵙고는 하직하고 돌아갔다. 객사에 나아가 병사兵使가 연명례를 하고 돌아왔다. 병사 신대겸이 들어와서 뵙고는 하직하고 돌아갔다.

29일 이인찰방이 와서 뵈었다.

30일 이인찰방이 들어와서 뵙고는 하직하고 돌아갔다. 신창현감 이익찬, 평택현감 김두열이 연명하고 들어와서 뵈었다."

4월 말일로 연명례가 끝날 수 없었다. 이후에도 연명례를 하고 신임 감사에게 첫 공식 인사를 하러 감영을 찾는 수령의 발길은 한 동안 계속되었다. 감영을 방문한 수령들은 하룻밤을 묵고 다음 날 떠났고 출발하기 전에 한 번 더 감사를 만나 인사를 나눴다.

순행 행차 속 관찰사의 위용

일기와 그림 속 순행

순행이란 '돌아다닐' 순巡자와 '다닐' 행行자를 쓰는데 순력巡歷, 순선巡宣이라고도 불렸다. 국어사전에 순행은 두 가지 뜻으로 정의되어 있다. 하나는 여행이나 공부로 여러 곳으로 돌아다님이고, 또 하나는 감독하거나 단속하기 위해 돌아다님을 뜻한다.

뜻풀이로 보면 관찰사의 순행이란 도내 지방관들을 감독하고 감찰하기 위한 행차이다. 여기에 더해 백성들을 직접 만나 어려움과 바람을 살피는 일이었다. 최고 통치권자가 관할 지역의 모든 관리를 감찰하고 백성을 직접 살피는 행차는 꽤나 거창했음 직하다. 오늘날 우리의 어림이 실제로는 어떠했을지 당시 기록과 그림으로 살펴보자.

전라도 관찰사가 남긴 일기에는 관찰사의 순행 행차가 어떻게 구성되었는지 자세하다.

1. 가죽 상자[皮箱]→2. 사모갑紗帽匣→3. 둑纛→4. 기旗
→5. 인印→6. 병부兵符→7. 교서敎書→8. 유서諭書→9. 절節
→10. 월鉞→11. 영봉迎逢하는 취라치吹螺赤·나팔·태평소
→12. 군관→13. 전마前馬→14. 도보徒步 3쌍홍紅→흑黑→

홍紅→15. 나장주·부 5쌍, 군 4쌍, 현 3쌍→16. 서자書者 1쌍

→17. 감사의 마교馬驕협보夾輔 6인, 서자 1쌍→18. 도사

→19. 찰방→20. 심약·검률→21. 중방中房→22. 노자奴子

→23. 영리營吏→24. 마두馬頭→25. 도서자都書者

—『미암일기眉巖日記』[5] 6책

읽는 이로 하여금 꽤 많은 상상력과 낯선 이름들을 감당해야 하니 집중력을 요구하는 원문임에도 그대로 소개한다. 16세기에 작성된 기록이 주는 생생함을 나누고 싶어서다. 하지만 설명은 그림의 도움을 받아 간략하게 하고자 한다.

〈그림 8〉은 김홍도가 그린 〈평생도〉이다. 평생도는 대개 8폭 병풍으로 구성된다. 조선시대 사람들이 생각한 가장 이상적인 일생의 경사스러운 여덟 장면을 그린 것이다. 잠시 샛길로 빠지는 얘기지만 관찰사에 대한 당시 위상을 알게 하기에 평생도에 대한 설명을 좀 더 덧붙이겠다.

평생도는 돌잔치-혼인식-과거급제 행차-첫 관직 출근길-관찰사 부임 행차-판서 행차-정승 행차-회혼식 등으로 구성되는 것이 일반적이다. 잘 살았다고 할 수 있는 장면에 관찰사 부임 행차가 들어간 것이다. 과거급제로 관직에 나간 사람이라면 관찰사를 거쳐 지

그림 8

〈평생도〉, 국립중앙박물관 소장, e뮤지엄에서 전재

금의 장관직에 해당하는 판서, 그리고 정승을 관직 이력의 최고로 보았다.

다시 본론으로 돌아와 위의 행차 글과 그림을 같이 보자. 후미에 있는 감사의 마교는 17열에 위치한다. 말과 가마가 연결되어 있고 곁에 여러 명이 호위하고 있다.

일기 속 행차 글에 감사의 가마 앞으로 1열부터 10열까지는 의장 기물이다. 의례의 장중함을 나타내기 위한 장치로 의장 기물이 쓰이는 것은 오늘날도 비슷하다. 1열 가죽 상자에는 문서와 장부가 들어있고 장교將校가 등에 짊어지고 맨 앞을 인도한다. 2열은 사모갑으로 머리에 쓰는 관모가 담긴 상자이다. 3열 둑은 꿩의 꽁지로 장식한 큰 기이다.

그런데 그림을 보면 맨 앞은 월鉞, 바로 이어 절節이고 그다음에 보이는 것이 바로 둑이다. 주의할 것은 그림은 부임 행차를, 일기는 순행 행차를 담고 있다는 점이다. 순행에 대한 회화가 전하지 않아 부임 행차로 견주어본다.

절과 월은 관찰사 행차에만 사용하는 의물로, 다른 장에서 설명한 대로 임명되었을 때 국왕이 하사한 권위를 나타내는 기물이다. 관찰사의 권위를 가장 잘 나타내는 절월을 맨 앞에 두었으니 〈평생도〉는 화폭의 제한에 따라 생략과 강조가 이루어진 듯하다.

그림 9 —————————

⟨전 김홍도 필 평안감사향연도⟩, 국립중앙박물관 소장, e뮤지엄에서 전재

밀부와 병부 및 절월.

⟨그림 9⟩는 김홍도가 그린 ⟨평안감사향연도⟩의 일부분이다. 가운데 여유 있게 비스듬히 앉은 평안감사가 보인다. 그 좌우로 절월이 세워져 있어 관찰사를 상징하는 모습을 재차 확인하게 된다. 마치 국왕이 있는 곳에는 일월오악도가 반드시 펼쳐져 있듯이 관찰사임을 나타내는 상징물이 절월인 것이다.

6열의 병부는 군사권을 발동할 수 있는 것이기에 관찰사가 몸에 늘 지니고 있었다. 그림 속 감사의 가슴에 가로로 붉은 끈에 걸어 늘어뜨려진 두 개의 주머니가 있다. 하나는 밀부이고, 또 하나가 병부이다.

여러 의장 기물로 누구의 행차인지 멀리서도 알아보게 하였다면 이제 그다음은 악기 행렬이다. 11열에는 소라 모양의 취라치와 나팔 그리고 태평소가 큰 울림의 악기 소리로 행차의 격을 높였다. 〈그림 8〉에는 부는 악기 외에 소고도 보인다.

순행을 따르는 사람들

12열부터 행렬 끝까지는 관찰사를 따르는 사람들이 늘어섰다. 이 중에서 도사都事는 종5품직으로 감사에 버금가서 아감사亞監使라고도 했다. 순행의 범위가 너무 크거나 일정이 과다할 경우 도내 고을을 나누어 관찰사를 대신해서 순행을 하기도 할 만큼 권한이 컸다. 관찰사의 업무를 필요에 따라 대행하기도 했지만 물론 관찰사를 대신할 수는 없었다. 역모죄를 제외한 어떠한 경우에도 밀부와 병부는 관찰사만이 지켰다.

찰방은 종6품으로 도내 역참을 책임지고 관리했다. 길은 일반 백성들에게는 걸어 다니는 일상적 공간이다. 하지만 국방 수비와 명령 전달을 통해 국가를 지키고 전국을 다스리기 위한 통치 체계 중 중요한 한 가지가 도로이다. 조선시대에는 도로의 중요도와 거리, 산천과의 연결 형편 등을 따져서 여러 개의 역을 몇 개의 역도驛道로 나누어 편제하여 관리했다. 전국에 41개 역도를 정하고 각 역도 아래에 543개 속역을 두어 체계를 잡았다. 도별로 역도의 수효는 차이가 있었다. 행차를 적은 일기를 쓴 전라도 관찰사는 당시 6개 역도에 파견된 찰방을 감찰했다.

심약은 글자 그대로 보면 '약을 살피는' 직책이다. 관찰사의 의약적 필요를 보좌하고 도내 약재의 채취와 중앙에 바치는 진상품을 감독하는 일을 맡았다.

검률은 법률에 대한 여러 업무를 담당하여 관찰사에게 필요한 법률 조항의 조사와 적용, 법률 관련 교육 등에 대한 실무를 처리했다.

심약과 검률은 모두 종9품으로 중앙에서 파견되는 관원이라는 점이 공통된다. 즉 관찰사의 순행 행차를 따르는 사람으로 도사·찰방·심약·검률은 중앙 파견 관원으로 18열부터 20열까지 관직 고하 순서로 늘어서서 행렬했다. 이들 관원들은 관찰사의 관청인 감영에 파견되었는데 8도에 똑같지는 않았다. 감영의 구성원을 다룬 장에서 설명하겠다.

그다음인 21열 중방은 반당伴倘이라고도 불렸던 호위병이다. 21열부터는 중앙관원이 아닌 군인이거나 지방관아 소속 인원이 따랐다. 아전도 있고 관노도 있었다.

감사의 순행 행차에 실제 소요된 말과 사람의 수는 일기나 그림보다도 월등히 많았다. 조선 초기인 세종 때만 해도 4-50필의 말이

움직였다.[6] 이 정도 규모는 위에서 살핀 전라도 관찰사 순행도 비슷한 규모로, 일기를 보면 48필이 동원되었고 여기에는 예비용 말은 포함되지 않았다. 조선 후기 정약용이 쓴 『목민심서』에 순행 행차에 수백 필의 말과 천여 명의 인원이 순행 행차를 따랐다고 했다.

순행의 긴 여정, 고단함 속 사명과 흥취

순행 행차는 관찰사가 어떤 위치인지 잘 보여준다. 하지만 관료의 권력은 화려하지만은 않다. 백성을 위한 관료이기 때문이다. 그래서 순행은 백성만이 아니라 관찰사 본인에게도 큰 부담이었다. 순행 행차의 위용 다른 편에는 관찰사의 책무와 고단함이 자리하고 있었다.

> "네가 일찍이 경기관찰사를 지냈으니, 경기 안에 있는 고을들을 모두 순행하였을 것이다. 부평과 광주廣州의 경안慶安 수곡水谷과의 거리가 몇 리里나 되느냐?" 하니, 윤사수가 대답하기를, "모두 하루에 도착할 수 있습니다." 했다. 임금이 말하기를, "나의 이번 행사가 백성들에게 폐가 있지 않을까?"
>
> —『태종실록』 6년 2월 29일

이 글은 조선 3대 임금인 태종이 경기관찰사를 지냈던 윤사수와 나눈 대화이다. 대화 내용에서 알 수 있듯이 태종은 경기관찰사가 순행하며 직접 다닌 고을 간 거리를 물었다. 그 이유는 태종이 사냥과 무예 연습을 하는 강무講武를 곧 마련하는데 지역 정보가 궁금해

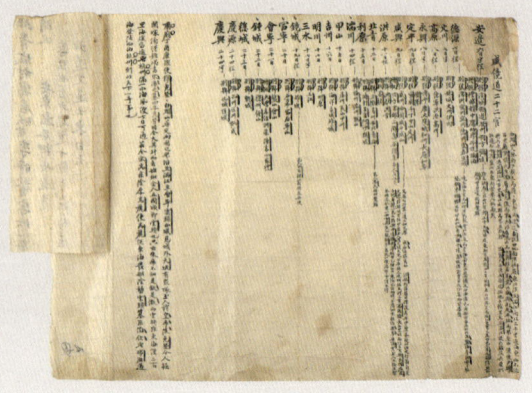

그림 10 ─────

「순력표巡歷標」,
한국국학진흥원 소장,
진성이씨 초조암 종택 기탁

서였다. 이때는 윤사수가 경기관찰사에서 물러난 지 두 해쯤 지난
후였다.

관찰사는 그저 감독과 감찰의 꼭대기에 있는 것만은 아니었다.
관찰사를 지냈다면 해당 도에 대해 자세한 정보를 가지고 있어야
했다. 재임 이후라도 태종처럼 임금은 관찰사가 다스렸던 지역에
대한 질문을 언제든 할 수 있었다.

그러니 순행은 아랫사람이 짠 일정대로 오가는 단순한 나들이일
수 없었다. 왕의 대행자인 관찰사가 임금의 질문에 대비하기 위해
서만 순행길에 오른 것도 아니다.

〈그림 10〉은 함경도 관찰사의 순력표이다. 감사의 순행은 암행
어사가 불시 검문하듯 고을에 느닷없이 들어가진 않았다. 순행에

앞서 도내 주요 고을을 살필 수 있는 행차 노선과 일정을 꼼꼼히 따져서 순력표를 작성한 것이다. 위 순력표는 연도와 해당 월을 알 수는 없지만 7일에 덕원에서 순행을 시작하여 24일까지 총 18일 동안 함경도에 속한 22개 고을을 돌아본 일정이 정리되어 있다. 각 고을 이름 아래에 일자를 쓰고 해당 고을의 주요 마을 이름을 적고 특이 사항을 덧붙였다.

순력표에 따라 관찰사 행차를 미리 알리는 문서인 선문先文이 해당 고을에 전해졌다. 선문은 순행 일정에 따라 미리 전달되었다. 그런데 열흘 이상 계속되는 외부 행차 중에는 의외의 변수로 일정에 차질이 생기곤 했다. 급히 바뀐 상황은 선문을 통해 다음 일정에 있는 고을에 바로 전달되었다.[7]

관찰사제는 조선 오백 년간 시행되었던 만큼 관찰사의 순행 모습이 오백 년 내내 똑같다면 도리어 이상한 일이다. 세상이 바뀌고 특히 조선 전기와 후기로 나누게 되는 일대 사건인 임진왜란이 있기 때문이다.

15-16세기에 관찰사의 주된 업무는 순행이었다. 길 위에 있는 관찰사는 별도의 관청 건물을 독립적으로 가질 필요가 크지 않았다. 이와 같은 상황을 행영제行營制라 한다. 반면 전란을 거치면서 관찰사의 업무는 문서 행정을 중심으로 도내를 통치하는 방식으로 바뀌

었다. 관찰사는 점차 독립된 건물을 여럿 구성한 감영을 갖추어 감영에 머물면서 도내 행정을 살폈다. 감영에 머문다는 의미로 유영제留營制라 한다.

행영제에서 유영제로의 변화는 관찰사의 순행 횟수와 일정에 그대로 나타났다. 관찰사가 얼마의 일정과 어떤 노정으로 움직였는지 자세히 기록된 관찰사의 일기를 통해 순행의 변화된 모습을 비교해보자.

16세기 길 위의 관찰사

유희춘이 전라감사로 있었던 시기는 1571년 3월 21일부터 같은 해 10월 14일까지로, 총 7개월이었다. 날수로 201일 동안 감사로 있으면서 네 차례에 걸쳐 순행한 일수는 무려 169일이었다. 이렇게 자세하게 유희춘의 순행 일정을 알 수 있는 것은 그가 쓴 『미암일기』가 전하기 때문이다.

『미암일기』는 『선조실록』을 편찬하는 데 중요한 자료로도 사용될 만큼 그 내용이 정확하고 세밀하다. 일기라고 하면 개인의 소소한 일상과 심경이 적혀있을 듯하지만 조선시대 일기는 일지로서의 성격이 강했다. 『승정원일기』의 공식 영문명에 일기에 해당하는 영문도 'The Daily Records'가 채택된 이유이기도 하다.

유희춘은 재임 기간동안 순력을 통해 54개 고을 중 43개 고을을 직접 돌아보았다. 4번의 순행 일정은 대읍大邑을 중심으로 점차 그 사이의 고을을 채워나가는 방식이었다. 그런 탓에 3-4회나 방문한 대읍으로 나주가 4회, 남원과 광주가 3회씩이었다. 출발지는 항상 전주였다. 전주에는 관찰사의 관청인 감영이 있었기 때문이다. 오늘날과 비교하면 도지사의 관청인 도청이 감영에, 도청이 있는 도청 소재지가 전주인 셈이다.

이제 각 순행 일정에서 소요된 일수와 그중에서 어느 정도 행차하는 데 소비하였는지를 살펴보려 한다. 16세기 순행에 소비된 정도를 가늠해 보는 것이 목적이라서 순행한 고을을 나열하지는 않겠다.

유희춘의 **1차 순행**은 1571년(선조 4) 3월 26일에 전주를 출발하여 5월 6일 다시 전주로 돌아오기까지 총 41일이 걸렸다. 21개 고을을 순행하였고 길 위에 있었던 일수는 22일로 순행 전체 일정의 절반쯤이다. 순행 행차는 평균적으로 하루를 묵고 하루를 이동하는 일정이었다. 날수를 계산할 때 양력 달력과는 조금 다른 점을 설명해야 하루이틀 정도의 차이에 대한 오해가 없을 듯하다. 유희춘이 순행한 3월과 4월은 모두 30일까지 있었다. 음력에서 30일까지 있는 달을 '큰 달'이라고 하고 29일까지 있으면 '작은 달'이라 하였으니 당시 3월과 4월은 큰 달이었다. 아래 일수를 계산한 경우도 모두 당시 큰 달과 작은 달을 일기에서 확인하여 제시한다.

2차 순행은 1차 순행에서 빠졌던 고을을 중심으로 이동했다. 5월 17일 전주를 출발하여 7월 5일 다시 전주로 오기까지 총 48일이 걸렸다. 18개 고을을 들렀고 이동한 날수는 21일로 1차 때와 비슷하게 순행 전체 일정 중 절반 정도 길 위에 있었다.

3차 순행도 1차와 2차에 들르지 못한 곳을 우선하여 이동했다. 일부 노선은 이전과 겹치기도 했다. 7월 9일 전주를 출발하여 9월 5일에 다시 전주로 오기까지 총 51일이 걸렸다. 27개 고을에 들어갔고 행차로 움직였던 시간은 27일이었다. 1차와 2차에 비해 길 위에 있었던 시간이 다소 줄었다.

4차 순행은 서남해안 고을을 중심으로 움직였는데 9월 16일 전주를 출발해서 10월 14일까지 29일간이었다. 앞선 순행보다 기간이 짧은 것은 유희춘이 순행 도중 대사헌에 임명되어 중간에 돌아왔기 때문이다. 처음 예상한 일정을 다 마치지 못한 것이다. 19일간 13개 고을을 돌아봤고 이 중 행차로 소비한 시간은 12일이었다.

유희춘의 순행 일정을 보면 한 번 나선 순행일은 짧아야 41일, 길게는 51일이나 되었다. 물론 중간에 돌아왔던 29일의 순행은 빼고 말이다. 대부분 고을에 하루를 묵으면서 지방관을 감찰하고 백성의 어려움을 살폈다. 다음 날에는 어김없이 길을 나서 행차를 이어 나 갔으니 행차의 고단함이 적지 않았을 것이다.

18세기 순행의 달라진 일정

— 경상감사 조재호의 『영영일기嶺營日記』

『영영일기嶺營日記』는 조재호趙載浩(1702~1762)가 경상감사에 임 명된 1751년 윤 5월 10일부터 1752년 8월 1일까지가 기록된 사환일 기이다. 영영은 경상감영의 별칭이다. 일기의 첫날인 윤 5월 10일 에 조재호는 경상감사에 임명되었다. 1752년 3월 19일에 병세가 심 각해서 사직상소를 올렸다. 이후로 장계를 올리지는 않았지만 8월 1일 문경에서 교귀식을 하기 전까지 경상감사로서 공무도 여전히 그의 몫이었다.

다소 복잡할 수 있지만 한 가지 짚을 것은 조재호의 재임 기간이 다. 공식적인 재임 기간은 경상감사에 임명되고 1752년 6월 11일에 병조판서에 임명된 때를 기준으로 계산해야 한다. 하지만 실제로 경상감사로서 공무를 처리한 기간은 이보다 길었다.

공식일자를 따져보면 조재호는 385일 동안 관찰사직을 수행하면 서 두 차례 순행을 했다. 1차는 부임한 해 7월 28일부터 8월 19일까지 총 21일간 순행했다. 2차는 같은 해 9월 2일부터 9월 25일까지 총 23일간 순력했다. 1차와 2차를 합친 순행일은 44일이다.

16세기 유희춘이 재임 기간 중 순행한 일수를 비율로 환산하면 84퍼센트에 해당한다. 반면에 조재호의 비율은 11퍼센트로 유희춘에 비해 크게 줄어들었다.

— 충청감사 심이지의 『금영일기』

심이지가 충청감사에 재임한 기간은 1780년(정조 4) 3월 27일부터 그해 9월 27일까지 176일간이었다. 이 사이 순행은 두 차례 시행했다. 1차는 8월 16일부터 8월 27일까지 총 12일 동안, 2차는 9월 13일부터 10월 1일까지 총 19일 동안이었다. 1차와 2차를 합친 총 순행 일수는 31일이었다.

재임 기간 중 순행 일수의 비율이 유희춘은 84퍼센트, 조재호는 11퍼센트였고 심이지는 17퍼센트를 웃돈다. 이처럼 16세기 관찰사는 재임 기간 동안 대부분을 순행 업무가 차지하였지만 18세기 관찰사는 5분의 1을 밑도는 정도를 순행에 사용했다.

하지만 임진왜란 이후 유영화되면서 관찰사가 처리한 행정 문서의 양은 급증할 수밖에 없었다. 세조가 말한 대로 왕과 수령을 잇는 관찰사의 위상은 중앙의 명령과 과제를 수령에게 직접 실현시켜야 하는 중간자이면서 도내 최고 통치권자로 행정업무로 바쁜 일상을 보내야 했다.

— 〈관동별곡〉, 눈으로 담아 글로 남긴 순행 속 흥취

고되고 짧지 않은 순행의 노정에도 새로 접하는 풍광은 관찰사의 시선을 사로잡았던 모양이다. 정철은 강원 감사로서 순행하면서 금강산을 유람하고 그 느낀 바를 글로 남겼다. 관찰사의 마음을 따라 경치를 상상하게 한다.

정철鄭澈(1536~1593)이 강원도 관찰사에 임명된 것은 그의 나이 45세인 1580년(선조 13) 2월 1일이다. 사간원 대사간이 되었지만 탄핵을 당한 후 고향인 창평에서 세상을 멀리하고 지내던 중에 왕의 부름을 받았다. 강원도에 부임한 후 몇 달 만인 7월 1일 도내의 병폐를 왕에게 자세히 알렸다. 선조는 이를 가상히 여겨 해당 관서에서 의논하도록 했다.

정철이 강원도를 다스린 기간은 1년 정도이다. 부임한 다음 해인 1581년 2월에 참지에 제수되었다. 1년 간의 그의 관찰사 생활은 송시열이 쓴 정철의 〈연보〉에 간결하게 담겨있다.

"공이 이수李銖의 옥사 뒤로 벼슬을 쉬고 나오지 않다가

이에 이르러 비로소 명을 받들었다. 부임하여서는 백성의 숨은 사정에 마음을 다하여 순방하기를 빠짐없이 하되 교화를 숭상하고 착한 사람은 표창하며 악한 사람은 징계하니 동쪽 지방 백성들이 고무되었다. 상소하여 노산군 묘 수축할 것을 청하셨다. 소에 이르기를, (중략) 상감께서 이를 아름답게 받아들이시는 한편 해당 관서에서 의논하여 시행을 하도록 하시었다."

여기서 순방하기를 빠짐없이 하였다는 것은 관찰사의 순행 여정을 말한다. 1년 정도의 관찰사 생활 중 누락됨 없이 고을을 순행하려면 그 일정이 빠듯하였을 것이다. 이런 상황을 보면 그의 〈관동별곡〉은 빼어난 기행문이기도 하지만 순행에 오른 관찰사의 심상을 담고 있다.

정철이 임금에게 하직 인사를 올린 후 원주 감영까지 부임한 것은 임명된 지 한 달 만인 3월이라고 〈관동별곡〉에 쓰여있다. 그의 문학적 간결함은 순행길을 간편한 차림에 돌길에 지팡이를 짚었다고 표현했다. 아마 고된 순행의 여정이 돌길을 밟는 듯하였던 것일까.

그의 여정은 백천동을 지나 만폭동계곡에 머물렀다. 폭포의 절경을 은 같은 무지개와 옥 같이 희고 고운 용의 꼬리 같은 폭포라고 표현했다.

〈관동별곡〉 속 관찰사의 마음은 자연 풍경에 감탄하면서도 항상 임금을 향한 마음을 담고 있다.

> "놉흘시고 망고디望高臺 외로올샤 혈망봉穴望峰이
>
> 하늘의 추미러 므슨 일을 스로리라,
>
> 천만千萬 겁劫 디나스록 구필 줄 모르는다.
>
> 어와 너여이고 너 フ투니 또 잇는가.
>
> 높기도 하구나 망고대여 외로워 보이기도 하는구나 혈망봉아!
>
> 하늘에 치밀어 올라 무슨 말씀을 아뢰려고
>
> 오랜 세월이 지나도록 굽힐 줄 모르는가?
>
> 아, 너로구나. 너같이 높은 기상을 지닌 것이 또 있겠는가?"

왕의 신하이면서도 왕의 바람을 담아 백성을 직접 살펴야 하는 관찰사이기에 하늘을 향하는 산천의 모습은 왕을 향한 신하의 모습으로 보였던 모양이다. 굽힐 줄 모르는 높은 기상으로 표현된 망고대와 혈망봉은 왕을 향한 충언을 그칠 수 없는 정철의 각오를 담고 있다.

2

문서를 통해 본
관찰사의 한해살이

장계와 일상 업무의 쳇바퀴

장계 작성과 전달 체계

관찰사가 담당한 매일의 업무와 활동은 조선시대 지방이 어떻게 다스렸는지, 백성의 생활 모습이 국가에 어떻게 연결되어 있었는지를 보여준다. 백성을 가장 가까이에서 다스린 수령과 임금 사이의 연결은 오로지 관찰사를 통해서만 가능하도록 법으로 규정하였고 이를 직계권直啓權이라 불렀다.

관찰사는 도내 중요한 일을 공식 문서로 왕에게 수시로 알렸다. 이 문서를 '장계狀啓'라 한다. 장계는 관찰사뿐만 아니라 왕의 명령을 받고 지방에 나가 있는 관료가 왕에게 보고하는 행정 문서이다. 장계는 『조선왕조실록』과 『승정원일기』에도 실릴 만큼 국가 운영에 중요한 문제가 담기곤 했다.

장계가 왕에게 전달되어 처리되는 과정은 조선시대 행정 체계가 어떻게 운영되었는지를 보여준다. 장계는 왕에게 올리는 것이었지만 겉봉투에는 '승정원에서 열어 보십시오'라는 글이 쓰여 있었다. 문서의 수신처는 승정원이었다. 왕의 인후咽喉라고도 불렸던 승정원은 왕명을 내거나 왕에게 전달되어야 할 문서를 수합하여 전하는 통로였다. 그러니 왕에게 아뢰는 장계라 하더라도 승정원이라는 공

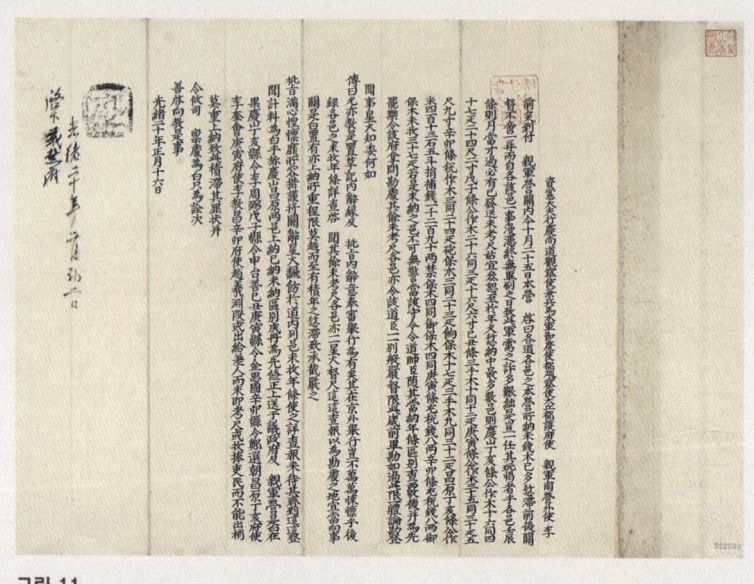

그림 11

관찰사의 「장계」, 서울대 규장각한국학연구원 소장

식 기관을 거쳐 왕에게 전달되는 것이 체계상 합당하다.

왕이 장계를 보고 어떤 결정을 내리면 승정원에서 해당 장계 끝에 '계하인啓下印'을 찍고 관련 부서에 전달했다. 〈그림 11〉 왼편 끝에 네모난 도장 자국이 계하인으로 왕의 재가를 받았다는 것을 증명한다. 관련 부서란 육조, 즉 이조·호조·예조·병조·형조·공조인데 해당 관서는 장계 내용에 따라 관찰사에게 공문서를 보내서 일을 처리했다.

관찰사의 장계가 처리되는 과정이 다소 복잡해 보이는데 어쩌면 당연히 여러 단계가 있어야 하지 않을까. 국가가 운영되고 8개밖에 없는 도 단위 지방 통치에 몇 단계의 공적 기구를 설정하고 운영하는 것은 곧 통치의 세밀함과도 연관된다.

한편 장계 1건에는 도내 각 고을의 상황에 대한 수령의 보고서인 첩정牒呈이 요약되어 있다. 수령의 첩정에는 고을에 속한 면리面吏나 풍헌風憲 등이 올린 문보問報 여러 건이 실렸다.[8] 이러니 관찰사가 작성한 낱장의 장계 한 장이라도 여러 행정단위의 자세한 내용을 확인할 수 있다. 실제 장계 한 편을 보면 이해가 쉬울 듯하다.

> "이번에 받은 안음현감 심전의 **첩정**은, '안음현 북면 면임의 문장에, 〈북면에 거주하는 양인 이천귀의 아내 박소사가 지난 윤 5월 21일에 1남 2녀를 낳았습니다.〉라고 하였기에 연유를 보고합니다.'라는 보고였습니다. 위의 박소사가 한 배로 1남 2녀를 낳은 일은 이상하다 하므로 연유를 급히 보고드릴 일이기에 아룁니다."
>
> ―『영영장계등록』

경상감사가 1751년 7월 10일에 올린 장계는 세쌍둥이가 태어난

혼치 않은 일을 왕에게 보고한 것이다. 세쌍둥이를 낳은 산모는 북면에 살고 있어서 북면의 면임이 이 소식을 문장에 써서 안음현 수령에게 보고했다. 북면이 안음현 소속이었다. 면임의 문장을 받은 수령은 첩정을 작성하여 관찰사에게 올렸다. 방방곡곡의 놀라운 소식은 이렇게 면面에서 현縣으로, 다시 도道로 전달되어 마침내 한양 궁궐에 있는 왕이 백성의 소식을 알게 되었다.

장계를 자세히 설명한 것은 이제 소개할 관찰사의 일상 업무를 재구성할 수 있는 중요한 문서라서 그렇다. 각 관찰사는 재임 기간 동안 작성한 장계를 옮겨 적어 하나로 묶어 보관하여서 오늘날 여러 편이 전하고 있다. 이 중 비슷한 시기에 작성된 심이지의 『기영장계등록畿營狀啓謄錄』[9]과 조재호의 『영영장계등록嶺營狀啓謄錄』으로 관찰사의 일 년 업무력을 소개하겠다.

관찰사의 연간 장계량과 주요 업무[10]

— 일 년간 작성한 장계 분량

심이지는 충청감사를 지낸 후 경기관찰사에도 임명되었다. 1783년(정조 7) 6월부터 1784년(정조 8) 6월까지, 윤달을 포함하여 약 13개월 동안 경기감사로 재직했다. 일 년 남짓한 기간 동안 심이지가 작성한 장계 수량은 253건에 이른다. 작성 빈도를 평균 내면 이

그림 12

심이지 영정, 《진신화상첩搢紳畫像帖》,
서울대 규장각한국학연구원 소장

틀에 3건을 올린 셈이다.

장계 한 건을 작성하기 위해서는 관련 고을 수령의 조사 보고서를 참고해야 하니 이틀에 3건의 장계를 작성하기 위해 처리한 문서량은 이보다 훨씬 웃돌았다. 견주어 볼 만한 것으로 수령의 연간 문서 처리량을 보면 충청도 임천군수는 3일에 2건씩의 행정 문서를 처리했다.

조재호(1702~1762)가 경상도 관찰사로 지낸 시간은 1751년(영조27) 윤 5월 10일부터 1752년 6월 11일까지였다. 심이지의 경기감사 시절과 마찬가지로 약 13개월 동안 경상도를 다스렸다.

그런데 장계 등록에는 1752년 3월 19일 장계가 마지막이다. 병이 심각하여 공무를 살필 수 없으니 직명을 삭제하여 달라는 사직 장계였다. 이후 새로운 감사가 결정되기까지 약 3개월간 경상감영에 머물면서 밀부를 지키고 후임 감사가 올 때까지 감사직에 있었다. 하지만 더 이상의 장계는 작성하지 못했던 모양이다. 실제 장계를 작성한 시기인 10개월 동안 장계의 수효는 133건으로 조재호는 평균 이틀에 1건 정도의 장계를 작성했다.

이처럼 실제 문서 처리량을 보면 조선 후기 관찰사의 문서 행정 업무는 빈도수가 매우 높아서 감사 업무 중 가장 많은 시간을 할애하였다고 해도 과언이 아닐 정도다. 백성의 안위를 다루고 국가를 움직이는 바탕인 세금을 직접 운영하는 관찰사였기에 문서 행정은 빼곡하고 치밀하게 관직 생활 하루하루를 채워나갔다.

─ 빈도로 보는 관찰사의 일상 업무

장계 내용을 업무 분야로 나누어 빈도수를 비교하면 관찰사가 일상적으로 처리한 업무 중 어떤 것이 관찰사의 매일을 채웠는지 상상할 수 있다. 관찰사는 관할하는 도道의 행정·사법·치안·군사 등 백성과 관련된 모든 업무에 대한 통치권을 가졌다. 전권全權을 가졌다고 하는 것은 반대로 모든 일을 책임지고 결정하며 처리해야 한다는 뜻이다.

관찰사의 장계에는 도내 모든 일이 담겼다. 귀납적으로 장계의 각각 내용을 추려서 분야로 묶어보면 소송과 살인사건에 대한 장계가 가장 많은 숫자를 차지한다. 이렇게 나눈 분야별로 장계 빈도수를 나누면 다음과 같다.

심이지가 경기관찰사로 있으면서 작성한 장계를 업무 분야별로 보면, 농사-구휼-사법-조세-인사 등 순으로 많았다. 농사 분야는 대부분 우택雨澤 장계였다. 연이은 가뭄으로 1784년 봄에 농사를 시작하면서 강수량은 국왕의 하교가 잦을 만큼 중대한 사안이었다. 다음으로 많은 장계가 작성된 구휼 분야는 진휼에 대한 장계가 31건을 차지했다.

업무 분야별 빈도수가 높은 업무의 집중 시기를 보면, 우택 장계가 윤 3월과 5월에 가장 많았다. 진휼 장계는 12월부터 4월까지 3건에서 7건 정도 장계가 꾸준히 작성되었다. 분야와 시기를 종합적으로 보면 경기감사는 우택과 진휼에 대한 업무로 12월부터 5월까지 다른 달에 비해 현저히 가중된 업무를 수행했다.

경기감사가 월별로 작성한 장계 수는 높은 순서로 보면, 윤 3월-6월-5월·7월-4월-3월-8월-12월-2월·10월-1월-9월-6월 순이었다. 작성된 장계 수가 많다는 것은 그만큼 관찰사가 처리할 업무량이 많았다는 것을 의미한다. 6월은 22일에 부임하였으니 작성 수보다 업무의 밀도가 매우 높았다. 장계 수가 20건 이상인 달만 해도

일 년의 절반을 차지했다. 윤 3월에 작성된 장계 수는 45건으로 가장 많았다.

조재호가 경상감사로 활동할 동안 업무별 장계 비율을 분석하면, 조세 일반 업무가 29.3%로 가장 높다. 다음은 사법 일반인데 27.1%를 차지했다. 조세와 사법만 합쳐도 절반 이상을 웃돌 정도였다.

장계의 업무별 편중도는 1746년(영조 22)에 경상도 상주목사가 작성한 첩정을 모은 『상산록商山錄』을 보면 유사한 집중도를 보인다. 첩정을 내용별로 구분하면 사법이 43건으로 가장 많은 수를 차지했다. 다음으로는 조세 분야로 38건이 작성되었다. 관찰사와 수령이 처리하는 지방행정에서 사법과 조세 관련 업무가 상당수를 차지하고 있었다. 특히 사법 관련해서 수감자의 수감일과 형신 횟수에 대해 월례 정기 장계가 있어 비중을 높였다.

1월부터 12월까지 계절별 일상 업무

정월과 봄, 진휼·조세·환곡과 순행

— 진하 전문

한 해를 시작하는 1월의 주된 일은 진하陳賀와 권농勸農, 그리고 진휼 업무였다.

설날 아침에 관료들은 임금에게 새해를 맞이하는 축하를 담아 인사를 올렸다. 중앙에서 근무하는 경관직은 왕에게 직접 올리는 진하례를 행했다. 〈그림 13〉은 창덕궁에서 펼쳐진 진하 행사 장면을

그림 13

창덕궁 진하 행사 장면, 《왕세자탄강진하도병풍》 일부, 국립고궁박물관 소장

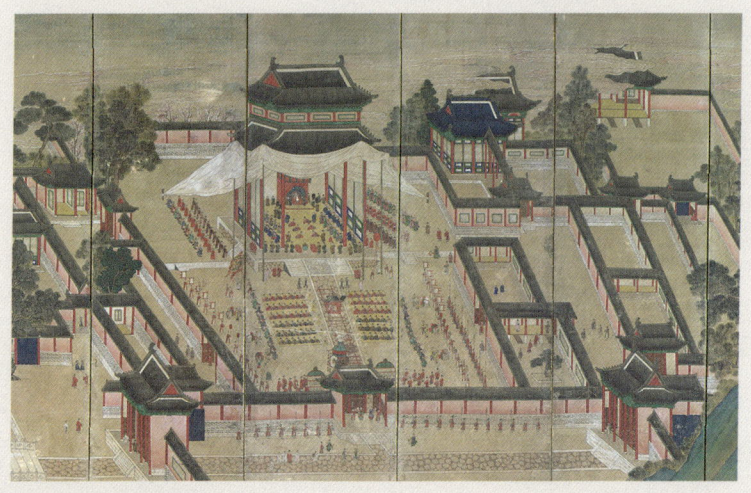

담은 기록화이다. 인정전 앞마당에 품계석을 따라 늘어선 관료들의
모습이 보인다.

지방에 나가 있는 관찰사는 부임지에서 전문箋文이란 형식으로
글을 올려 새해 축하를 왕에게 전했다. 관찰사만 전문을 올린 것은
아니다. 지방 고을 원님 중 2품 이상의 수령과 부사 및 목사에 해당
하는 수령이 전문을 올려 새해 인사를 왕께 전했다.

새해 첫날 임금께 새해를 축하하는 것으로 시작하는 것은 왕의
대행자로서 마음을 다지고 백성을 살피는 다짐의 시간이었을 것이
다. 그런데 전문은 사륙체로 네 글자와 여섯 글자를 기본으로 하여
대구법對句法을 쓰는 문장체로 작성자의 문학 정도를 드러내는 것
이었다. 감사는 전문 작성을 위해 때때로 문장력이 탁월한 수령에
게 대신 써 줄 것을 부탁한 예화도 있다.

― 진휼과 환곡 업무

중앙에서는 1월에 권농 유지를 각 도에 내려보냈다. 경기관찰사
심이지가 권농 유지를 받은 것은 1784년 1월 2일이었다. 심이지는
유지를 받은 후 도내 수령들에게 공문서를 내려 권농 유지의 내용
을 각 읍민들에게 전달하도록 했다.

한편, 겨울의 추위에 굶주린 백성들에게 죽을 끓여 먹이기 위한

진휼 업무가 시작되었다. 심이지는 연말에 진휼할 백성을 추려서 명단을 만들었고 1784년 1월 12일부터 진휼을 시작했다. 이때 시작된 진휼은 14순배나 진행되어 4월 21일에야 끝났다.

1784년 1월에는 버려진 아이에 대한 구휼도 진휼과 함께 힘써야 하는 주된 업무가 되었다. 연이은 흉년으로 버려진 아이를 구휼하라는 정조의 전교를 담은 비변사의 관문이 1783년 12월 18일에 경기감영에 전해지면서 준비되었다.

"흉년이 들어 굶주리는 해에 (중략) 그중에도 가장 말을 할 데가 없고 가장 가엾은 사람은 어린아이들이다. 다 큰 어른들은 남의 용보傭保가 되어 물 길어 주고 나무라도 해 주며 그래도 살아가게 될 수가 있지마는, 어린아이들은 이와 달라 몸을 가리기와 입에 풀칠을 제힘으로 할 수 없으므로 훌쩍거리며 살려 주기를 바라며 의지할 데가 없게 된다. 길가에 버려진 아이들에 있어서는 그동안에 무슨 사고가 있어선지 알 수 없지마는 요컨대 부모가 없어서 그 지경이 되었을 것이고, 설사 부모가 있다손 치더라도 몸에 굶주림과 추위가 절박해지자 둘 다 보존하게 되지 못할 것을 헤아리고서 인정도 없고 사정도 없이 길거리에 내다 놓으며 누군

가가 애처롭게 여겨 구출해 주기 바랐을 것이다. 혹시라도 어진 사람이 있어서 그 즉시에 거두어다 기르게 된다면 진실로 천행이겠지마는, 그렇게 되지 않아 어느덧 시일이 지나버리면 그만 아무 죄도 없이 죽어가게 될 것이다. (중략) 친척이 있는 자 및 살던 집이 있는 자는 찾아내어 기탁하는 방도와 자녀가 없는 자 및 동복僮僕이 없는 자는 수양收養을 허락하는 법에 있어서는 또한 모름지기 되도록 꼼꼼하게 거행하여 처음에서 끝까지 혜택이 있게 되도록 해야 한다."

― 『정조실록』 7년 11월 5일

정조는 전교에 덧붙여 구체적인 조항을 정리하여 각 도 관찰사에게 보냈다. 흉년으로 버려진 아이들을 세밀하게 살펴서 구해 내도록 지시했다. 이에 따라 관찰사는 수령으로 하여금 군현별로 버려진 아이를 데려온 날짜, 기아의 성명, 나이와 거주지 등을 적고 기아에게 지급한 곡식의 양 등을 조사하여 중앙에 보고하도록 했다. 기아에 대한 구휼과 보고는 5월 9일까지 계속되었다.

진휼을 통해 곤궁한 백성들이 점차 농사일에 돌아가는 상황을 보면서 경기감사는 환곡 업무도 진행해야 했다. 종자를 지급하는 등의 환곡 업무와 함께 갚을 능력이 있는지를 따져서 진휼미를 지급할지, 환곡미를 지급할지를 가늠하는 업무가 진행되었다. 환곡미를 빌려주면 추수 때에 납부를 받아야 하니 환곡 업무는 봄과 가을에 다른 방향이지만 마찬가지로 바쁜 업무 중 하나였다.

— 조세 납부

조세의 완납 시기는 조선 전기에는 11월 1일부터 익년 1월 사이에 수세를 완료한다고만 한정하였고 출발일에 대한 제한을 두지는 않았다.

하지만 영조 때 정리된 법전인 『속대전』에서부터 경기도의 경우 2월 20일 이전에 배를 출발하여 3월 10일 내에 서울 경창에 직접 상납해야 하는 조항이 명확히 생겼다. 비교하면 경상도는 3월 25일 이전에 배를 출발시켜 5월 25일 내에 상납하도록 법문을 확정했다. 이후 경상도의 수세 완료일은 5월 25일에서 후기로 갈수록 더욱 당겨져서 고종 때 법전인 『대전회통』에는 5월 15일로 법제화되었다.

— 봄 순행

상반기 순행은 봄에 행했는데 경기감사는 1784년 3월 3일 순행을 시작하여 3월 27일까지 24일 동안 도내 고을을 순력했다. 군현별로 직접 백성들을 살피고 당시 진행되고 있던 진휼 상황을 살폈다. 봄철 순행에서 또 하나 중요한 일은 한 해 농사가 시작되는 때에 행차 길에서 논과 밭의 각 곡물들 상황, 우택 정도, 충해로 인한 재해 상황 등을 직접 확인하는 일이었다. 순행 중에도 농사 상황에 대한 보고를 위해 장계를 계속 작성했다.

농사에서 비가 내리는 형편과 정도는 임금에게 으뜸으로 중요한 봄철 관심사였다. 서울에 가장 가까운 경기도는 농사 상황을 제일 먼저 알 수 있기에 우택에 대한 보고는 경기감사에게 요구된 빈도수 높은 일이었다. 감영에 비가 올 때면 감사는 즉시 장계를 올렸다.

경기감영만이 아니라 전국 감영에는 측우기가 있었고 감영 내 관찰사의 업무 공간 앞마당에 있는 것이 일반적이었다. 감사는 측우기 수심 치수를 보고 받아 이를 국왕에게 자세하게 알렸다.

〈그림 14〉는 금영측우기錦營測雨器이다. '금영'은 충청도 감영을 일컫는다. 금영측우기는 보물로 높이 31.5cm, 지름 15.3cm의 원통형으로 표면 3곳에 대나무처럼 도드라진 마디 모양으로 주물 되었다.

감사의 장계에는 감영 소재지를 포함하여 도내 모든 군현의 강수량이 수합되어 보고되곤 했다. 그래서 비가 내리기 시작하면 경기 소속 수령들의 첩정이 속속 도착하였고 빠른 시간 내에 작성된 장계가 궁궐로 전해졌다.

그림 14

측우기, 국가유산청 국가유산포털에서 전재

　1784년 5월 16일 내리기 시작한 비는 같은 달 27일까지 간헐적으로 내렸다. 열이틀 동안에 무려 7건의 장계가 강수 상황에 대한 것이었고 비 온 날 바로바로 작성되었다.

여름, 상반기 포폄과 농사 형편 보고

수세로 바쁜 나날을 지내다 보면 6월을 맞아야 했다. 이때는 평가관인 관찰사나 고과 대상인 수령에게 모두 부담이었던 포폄褒貶을 6월 하순에 마무리해야 했다. 포폄은 높인다는 '포褒'와 낮춘다는 '폄貶'의 합성어로 관원의 행적에 따라 상중하로 등급을 매겨 평가하는 제도이다. 조선시대 포폄은 6월과 12월로 일 년에 두 차례 시행되었다. 『경국대전』「이전」과「병전」의 포폄 항목을 보면 몇 가지 특징이 보인다.

"이전 포폄

① 지방관은 그 도道의 관찰사가 매년 6월 15일과 12월 15일에 등급을 매겨 왕에게 보고한다.

② 열 번의 고과에 열 번 다 상上을 받은 자는 상賞으로 1자급을 올려준다. 자궁자資窮者는 관직을 올려주되 목牧 이상의 경우에는 해당되지 않는다. 두 번 중中을 받으면 무록관無祿官에 서용敍用하고, **세 번 중을 받으면 파직**한다. 다섯번 고과, 세 번 고과, 두 번 고과를 아울러 **한 번이라도 중을받은 자는 현직**現職**보다 높은 직에 제수하지 못하며, 두 번**

중을 받은 자는 **파직**한다.

병전 포폄

③ 지방관은 절도사가 등급을 매겨 왕에게 보고한다. 수
령 이외에 육진장陸鎭將·여수旅帥·대정隊正·토관직의 서반은
병마절도사, 수진장水鎭將은 수군절도사가 모두 관찰사와
같이 의논하고, 우후虞候와 평사評事는 각각 그 절도사가 등
급을 매긴다. 제주의 3읍은 절제사가 등급을 매겨 주진主鎭
에 보고한다.”

①만 보면 수령에 대한 포폄은 관찰사가 단독으로 평가하는 듯하
다. 그러나 병전 조항을 보면 ③에서처럼 병마절도사가 관찰사와
함께 고과를 매기는 것을 알게 된다. 특히 수령 외의 무반 지방관원
은 소속에 따라 병마절도사 혹은 수군절도사가 관찰사와 상의하여
등급을 결정했다.

②는 복잡해 보이지만 수령의 5년 임기 동안 10번의 고과에 대한
원칙으로 하를 받으면 바로 파직이었다. 참고로 하를 계속 받으면
관직에 임용되는데 2년 이상의 기한이 제한되기까지 했다. 10번 고
과 모두 상을 받으면 자급을 하나씩 올려주지만 정3품 목사 이상을

넘지는 못했다. 고과에서 중이라고 안전하지는 않아서 자리가 위태로워졌다.

포폄 내용과 등급이 적힌 포폄 제목褒貶題目

포폄 결과와 상중하 등급이 매겨진 문서를 '포폄 제목'이라고 하고 폄제로 줄여서 말하기도 했다. 폄제에는 관직명, 관원명, 평가 내용, 상·중·하의 등급이 기재되었다. 평가 내용만을 폄제라고 한정하기도 하는 것은 등급의 근거가 되는 내용이 쓰여 있기 때문일 것이다.

〈그림 15〉는 전라도 관찰사가 도내 수령에 대한 하반기 포폄 내용을 적은 폄제이다. 관직명을 쓰고 상대적으로 작은 글씨로 관원의 이름을 썼다. 그 아래 8글자로 평가 내용을 밝혔고 맨 아래에 상·중·하를 표기했다. 포폄 내용이 없이 짧게 몇 글자 써진 경우도 보

그림 15

「포폄 제목」, 국립중앙박물관 소장, e뮤지엄에서 전재

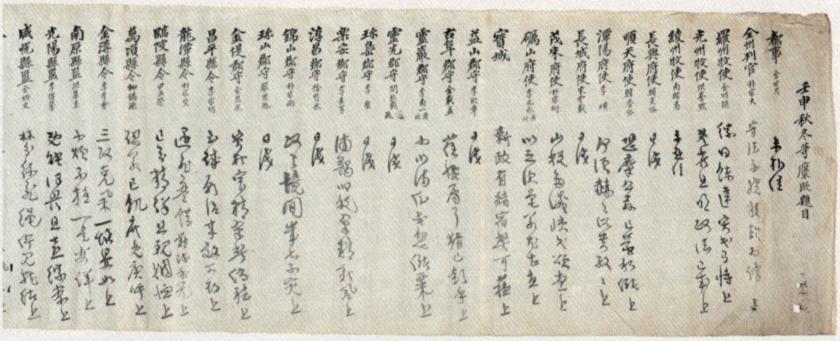

인다. 이들은 포폄하지 않은 수령으로, 포폄 일수가 부족한 경우 일 천日淺이라고 쓰고, 아직 부임하지 않은 경우 미부임未赴任이라고 구분했다.

포폄은 승진과 파직 등이 결정되는 만큼 당사자에게도 그렇지만 관직에 있거나 관심이 있는 사람들에게 중요한 정보였다. 포폄 제 목은 공개되었고 세간에 관심 있는 사람들은 이 내용을 확인할 수 있었다. 어느 정도 일반적으로 확산되어 알려졌는지는 당시 일기에 자세하다.

"이날 동등冬等 포폄 문서가 도착했다. **나**에 대해 평가하기 를, '질박하고 또 자상해서 잔약한 보堡를 맡길 만하다.'라고 했고, **경원부사** 이적은 '의논이 합당하고 정사를 끝까지 잘 하려고 도모했지만, 무역하는 과정에서 간혹 비방을 받았 다.'라고 하여 중을 받았다. **경흥부사** 이성은 '쇠잔한 고을에 서 강제로 거두기가 참으로 어려운데도 거두어들였으니, 수 많은 사람들의 원성을 어찌하겠는가?'라고 하여 하를 맞았 다. **이성현감** 정달신에 대해서는 '마음에 진실로 잘 다스려 지기를 바라거든 이속들을 모름지기 엄히 단속해야 한다.'

라고 했으며, 중을 맞았다. **소농권관** 박명훈에 대해서는 '잘
한 일이 상당히 있지만 간혹 일처리에서 신중함이 모자란
다.'라고 했으며, 중을 맞았다. **자작권관** 성리복에 대해서는
'대체大體에는 관계가 없으니 일단 작은 허물을 용서한다.'라
고 했으며, 중을 맞았다. **동인권관** 윤홍심에 대해서는 '두루
다스리고자 하거든 백성을 더욱더 어루만져야 한다.'라고
했으며, 중을 맞았다. **갑산부사** 황태언은 '아직 삼을 바치는
일을 마치지 못했으나 일 처리가 신중해서 소란스러움이 없
다.'라고 했으며, 상을 맞았다. **삼수부사** 구명원에 대해서는
'백성을 번거롭게 하는 일이 거의 없으니 잘못된 보고에 대
해서는 용서한다.'라고 했으며 상을 맞았다. **운총만호** 이익
해에 대해서는 '변경을 단속하는 일에 부지런하고 환곡 정
사에 대해 많이 칭송한다.'라고 했으며, 상을 맞았다."

—『노상추일기』, 1787년 12월 19일

노상추에 대한 평가는 '질이의상質而且詳 잔보가시殘堡可恃'였다. 상
중하 중 해당되는 등급을 쓰지 않았지만 평가 내용에서 알 수 있듯이
상을 받았다. 당시 노상추는 함경도 진동만호로 재임 중이어서 함경
도 관원들의 포폄 내용 중 관심 있는 사람들을 기록했다. 중이나 하

를 받은 경우 그 이유를 가늠할 만하게 폄제를 쓴 점이 흥미롭다.

고과는 평가자인 관찰사에게도 부담이 컸다.

> "이조에서 아뢰기를, '경관京官은 비록 간혹 재주가 없는
> 자가 있더라도 한 관사에 몇 명의 관원이 일을 맡아 서로
> 도우므로 직무에 해이해지는 데에 이르지는 않으나, 수령
> 에 이르러서는 홀로 한 고을을 맡아 착하고 악한 것을 곁에
> 서 시비是非하는 자가 없으니, 한 사람이라도 일에 흐릿하고
> 사욕을 내는 사람이 있으면, 일을 어그러뜨릴 뿐만 아니라,
> **백성에게 해되는 것이 참으로 많습니다.** 근래에 보건대 8도
> 관찰사의 포폄하는 것이 너무 가벼우니, 금후로는 상고上考
> 에 있는 자가 만약에 경범輕犯이면 파罷하고, 장오贓汚·불법
> 등의 일이 있으면, 청컨대 『경국대전』의 **거주擧主**를 아울러
> 연좌하는 예에 따라 관찰사도 추국推鞫하여 과죄科罪하도록
> 하소서.' 하니 그대로 따랐다."
>
> ―『성종실록』 2년 5월 12일

위 기사에서처럼 수령에 대한 포폄은 경관직의 고과 평가보다 지
방 통치 운영에서 매우 중요했다. 처음부터 제대로 된 인물을 가려

뽑아서 수령으로 파견하는 것이 무엇보다 중요하지만 반년마다 이를 확인함으로써 백성들이 입을 피해를 막기 위해 점검해야 했다.

거주는 천거한 사람을 말한다. 『경국대전』의 천거 법 조항에 따르면 중앙직과 지방직에 문반과 무반으로 3품 이상인 관료는 각기 세 명을 천거할 수 있었다. 천거는 무한 책임을 요구할 정도로 신중하고 책임 있게 선택해야 했다. 천거된 사람이 뇌물죄나 패륜적 죄를 저지르면 천거한 사람까지 연좌하여 벌을 받아야 했다.

포폄일은 법전에 6월 15일과 12월 15일로 정해져 있었고 실제로 경기감사의 장계를 보면 대체로 지켜지고 있었다. 1783년 12월 13일과 1784년 6월 13일에 각각 포폄 등제를 올렸다.

경기관찰사의 포폄 대상은 도사 1, 중군 1, 검률 1, 부윤 1, 목사 3, 부사 9, 군수 8, 현령 4, 현감 11, 첨사 1, 찰방 6, 발장 7 등으로 총 53명에 대한 포폄 제목을 작성했다.

가을과 겨울, 세금 업무와 하반기 포폄

가을에는 그해의 세액이 정해지기 위한 조사 작업이 시행되었다. 이때야말로 각 고을을 책임진 수령과 전국을 운영하는 중앙과의 입장차와 갈등이 첨예한 시점을 눈앞에 둔 시기였다. 중앙과 고을 수령을 연결하는 일원적이고 단일한 관찰사의 위상은 한편으로는 관찰사가 중앙과 고을 수령의 중간자로서 고충이 높았음을 반증한다.

관찰사는 중앙의 결정을 이행하는 일과 도내 조세의 완납이 무거운 책무였다. 반대로 작든 크든 고을을 전담한 수령은 관할 백성의 이해를 대변하는 목민관이기에 관찰사와 이해관계의 충돌이 클 수밖에 없었다.

그해의 수세안은 실총實總에 대한 재실災實의 차감으로 결정되기 때문에 재실에 대한 조사와 정리가 중요했다. 아울러 수세의 기준인 연분등제의 작성을 위해서도 필수적이었다. 재실에 대한 조사는 아래로부터 단계를 정리하면 권농관→수령→관찰사로 행해지도록 법으로 규정했다.

『경국대전』 수세收稅 항목에는 각 단계별 기한이 명시되어 있었다. 권농관은 매해 8월 15일 이전까지 수령에게 해당 지역의 재실과 농사 상황을 조사하여 보고했다. 수령은 9월 15일까지 권농관의 조사 내용을 다시 확인하여 왕에게 아뢸 수 있도록 해야 했다. 결국 9월 15일은 관찰사가 왕에게 올리는 보고 기한인 것이다. 수령은 9월 15일보다 앞서서 관찰사에게 해당 군현의 재실과 농사 상황을 반영한 수세안을 작성하여 올려야 했다.

관찰사에게 8월은 한 해의 농사를 마무리하는 때라기보다는 조세를 납부해야 하는 담당자로서 한 해의 또 다른 시작과도 같은 심정이었을지 모른다. 8월과 9월을 통해 정해진 수세안과 결총이 다음 해 5월까지 납부해야 하는 조세수를 결정하기 때문이다.

재실에 따라 피해 논밭은 실총에서 제외될 수 있기에 세액 조정에 중요한 단계였다. 호조에서는 매년 연분절목을 작성하여 관찰사에게 관문을 내리면 관찰사가 다시 수령에게 내려 연분절목에 따라 연분등제를 작성하도록 했다.

연분등제는 『상산록商山錄』 연분절목年分節目을 참고하면, 9월 이후에 진행된 것으로 보인다. 9월 초라도 재상災傷이 있으면 우선 장계를 올려 사정을 알리면 연분등제가 거행되기 이전이라도 중앙에서 경차관을 파견하도록 했다. 수령은 결총 사항을 조사하여 관찰사에게 올리고 관찰사는 9월 15일 이전에 왕에게 아뢰어야 했다.

장계를 올리기 전에 관찰사는 토지대장에 관련 사항을 기록했다. 그런 후 수령이 보고한 입안은 수령에게 다시 돌려주어 이후 근거

자료로 남겼다. 결총의 산출과 실총의 확정은 중앙에서도 한 해의 수입액을 정하는 일이었다.

관찰사가 정리하여 올린 내용은 비변사와 육조에서 같이 의논하여 다시 국왕의 재가를 얻은 다음 수세액을 결정했다. 심이지가 올린 장계 중 조세 관련 장계는 8월부터 10월까지 계속되었고 10월 중에 세액 관련 장계가 특히 많았던 상황이 이해되는 대목이다.

이렇게 이해관계에 따른 각 행정단위마다 갈등과 조정을 거쳐 세액이 결정되면 관찰사는 새해가 되기 전에 경기도 수조안收租案을 마련하여 상송上送하여야 했다.

포폄 기준, 수령칠사

한 해를 마무리하고 새해를 준비해야 하는 12월에는 6월과 마찬가지로 포폄 등제를 작성하는 때이다.

상반기 포폄을 살펴보면서 미루어 놨던 설명이 있다. 바로 수령칠사守令七事이다. 수령이 해야 할 일곱 가지 업무를 정리한 것이다. 포폄은 인사고과에 대한 평가를 통해 등급을 매기고 이에 따라 상이 내리기도 하고 제재 혹은 파직까지도 이를 수 있었다. 따라서 포폄은 공평무사하고 균일한 평가 기준이 있어야 한다. 수령칠사가 포폄의 기준이었다.

가 그다음이며, 문치文治와 무비武備는 둘 중에 하나도 빠뜨 릴 수 없는 것이므로 군정이 그다음이며, 외국의 침략을 비 록 막아야 하나 백성을 사랑하여 기르기를 자상히 하여야 하므로 부역이 그다음이며, 백성이 이미 잘 살고 있으나 다 투는 것을 금하여야 하므로 사송이 그다음이며, 백성의 풍 속이 비록 잘 변화하였으나 그 지방의 강포한 무리는 금해 야 하므로 간활奸猾이 그다음이니, 이는 법을 세운 뜻이다.”

― 『성호사설』

『성호사설星湖僿說』의 한 대목을 인용했다. ‘성호’는 이익李瀷 (1681~1763)의 호이고 ‘사설’은 자잘한 논설이라는 겸양의 표현으 로 지어진 책 이름이다. 무려 3천여 항목의 논설이 실려 있으니 겸 손이 지나쳤다. 이 책에 이익은 ‘칠사’라는 단일 항목으로 수령칠사 를 다루었다. 칠사를 나열식이 아니라 각 요소가 유기적으로 연관 된 구조임을 논증했다. 농상성부터 간활식까지의 연관성은 단계적 으로 이어진다.

‘농상성’하면 백성이 모이게 되므로 다음 단계가 ‘호구증’이다. ‘호 구증’한 뒤에야 가르칠 수 있으니 다음 단계가 ‘학교흥’인 것이다. 문치와 군사력을 갖추는 것 중 하나도 소홀할 수 없으니 ‘군정수’가

다음이 된다. '군정수'하여 외부 침략을 막았어도 백성을 사랑하여 돌보기를 자상히 해야 하니 '부역균'이 그다음이 된다. 이 모든 것이 단계별로 이루어져서 백성이 잘살게 되어도 서로 다투는 것을 금해야 하므로 '사송간'이 그다음이 된다. 백성의 풍속까지 잘 변화된다고 해도 지방의 강포한 무리는 반드시 금해야 하니 '간활식'이 그다음인 것이다. 이런 뜻으로 수령칠사의 법을 세운 것이라고 수령칠사 일곱 분야의 순서가 갖는 의미를 해석했다. 18세기 학자의 논리적이고 유기적인 해석이 탁월하다.

한해살이의 처음에 설명한 정월에 올렸던 진하 전문은 한해의 마지막인 동지冬至에도 올려야 했다. 동지 전문을 올려 한 해를 끝내는 지방관으로서의 예를 국왕에게 갖추었다.

1년 업무의 시작과 끝은 또다시 연결되는 순환구조를 갖는다. 연말부터 진휼대상 명단을 조사하고 작성하기 시작해야 정월부터 진휼 업무를 시작할 수 있었다. 심이지는 1783년 12월 11일 진휼 대상 지역과 사람을 조사하여 보고하라는 관문을 받았다. 이후 보름 사이에 4건의 진휼 관련 장계를 작성했다. 그렇게 다시 정월을 준비하며 한 해를 마무리했다.

3

관찰사의 공간, 감영

서울 가까이에서 도내 중심으로

제도와 공간의 중층적 교차점

조선시대 감영監營이란 감사의 관청이란 뜻으로 관찰사의 행정기구로서 인적 구성을 갖고 관원들이 사용할 여러 채의 건물을 갖는 물리적 공간을 말한다. 즉 제도가 공간에 구현되는 중층적 개념어이다.

감영은 8도제와 짝하여 구축된 관찰사제에 따라 인적 구성이 이루어졌다. 관찰사를 보좌하기 위해 중앙에서 파견된 관료들, 각 고을에서 파견된 향리 및 다종한 관속官屬 등이 감영을 채웠다.

감영은 관찰사의 위상대로 도내 중심 역할을 수행할 수 있는 곳에 자리 잡았다. 강원도나 전라도는 고려시대부터 조선시대까지 도명이 똑같다. 이것은 강릉과 원주, 전주와 나주가 수백 년 동안 도를 대표하는 도시였음을 증거한다.

그렇지만 도시로서의 물적·공간적 전통을 가졌더라도 반역 등의 일에 연루되면 10년간 읍격邑格이 강등되었다. 이에 따라 감영도 옮겨졌고 도명마저 바뀌었다. 예컨대 세조 때 함경도 감영이 함흥에서 영흥으로 이전되자 도명 역시 영안도로 바뀌었다. 같은 이유로 충청도는 충홍도, 청홍도, 공충도 등의 도명을 가졌었다. 감영이 위치한 고을은 도道를 대표하는 상징성까지 가졌던 것이다.

오늘날 도지사의 사무실을 비롯한 도청 행정 처리를 위한 도청이 조선시대 감영과 비슷하지만 똑같은 개념이라고 할 수 없는 대목이 있다. 도청은 해당 건물만을 말하지만 감영은 건물만이 아니라 감영이 위치한 감영 소재지를 뜻하기도 했다.

이처럼 감영은 8도제와 관찰사제 운영의 변화가 실제로 적용된 공간이라서 반대로 공간적 변화를 추적하면 제도적 변동 사항을 알게 한다. 그래서 제도와 공간이 여러 겹으로 쌓여 작동하는 교차점이라고 하겠다.

제도의 변화는 결국 조선시대 지방 통치의 방향성이 어디를 향했고 어떻게 실현되었는지를 보여주는 구체적 이동점이다. 감영이라는 창문을 통해 조선 사회만의 세 가지 이야기를 들여다보자.

첫 번째 이야기는 감영의 이동 변화이다. 중앙 중심의 지방행정을 백성 중심의 실효적 운용으로 자리 잡아갔던 방향의 전환이 담겨 있다.

두 번째는 8도 감영에 소속된 인원 구성이 공통 요소도 있지만 도道에 따라 확연히 달랐다. 현대적 균일 감각으로는 차이가 용납되기 어려울 수 있지만 균일보다 우선하는 지역별 특징에 대한 고려와 적용 사례를 통해 조선식 공평을 생각해 보자.

셋째 도를 상징하는 감영이라는 지위에도 불구하고 한성부에 두었던 경기감영의 이상한 이야기를 들여다보겠다. 불편해 보이고 모순된 행정적 결정이 감영에 적용된 결과를 통해 오히려 유연한 통치 운영을 발견할 수 있지 않을까 한다.

계수관에서 공간적 중심으로

조선 초기 감영이 처음 설치된 도시와 변화 과정을 한눈에 보도록 〈표 1〉을 만들었다.

〈표 1〉 8도 감영의 설치 위치와 변천 과정

도명	설치	위치 변화
경기	수원	광주廣州→한성부 반송방→영평→한성부 반송방
충청	충주	공주
경상	경주	상주→성주 팔거현→대구
전라	전주	–
황해	해주	황주→해주→황주→연안→해주
강원	원주	–
함경	함흥	영흥→함흥
평안	평양	–

8도에 감영이 처음 설치된 도시는 계수관界首官이라는 공통점이 뚜렷하다. 계수관은 대대로 도에서 읍격이 높고 행정 중심지 역할을 하는 도시였다. 도명道名도 계수관 두 곳의 명칭을 한 글자씩 따서 붙여진 것이다. 도내 계수관이 하나가 아니라는 뜻도 된다.[12]

"각도의 계수관을 정했는데, 경상도는 계림·안동·상주·진주·김해·경산이고, 전라도는 전주·나주·광주光州이며, 양광도는 광주廣州·충주·청주·공주·수원이며, 교주강릉도는 원주·회양·춘주·강릉·삼척이며, 서해도는 황주·해주이며, 경기좌도京畿左道는 한양·철원이며, 우도右道는 연안·부평이다."

　　　　　　　　　　　　　　　　　　　　　　─『태조실록』 2년 11월 12일

위의 실록 기사는 태조가 즉위한 다음 해에 계수관을 정한 내용이다. 국가도 사람처럼 태어나 어린 시절을 거쳐 성장하며 굳건한 어른과 같은 궤적을 갖는 것은 신기한 현상이다. 이제 막 태어난 조선이라는 국가는 여러 제도를 갖추는 데 백 년 정도의 성장기를 거쳤다. 그 사이 우리에게 익숙한 명칭으로 정착되었다. 계림은 경주로, 춘주는 춘천 등이 그렇다.

조선시대 8도 체제는 건국 처음에도 마찬가지였지만 경상도와 전라도는 그대로지만 나머지는 도명과 구분이 사뭇 달랐다. 아직 한양으로 천도하기 이전이라서 경기좌도에 한양이 속해 있는 점부터 다르다.

역사를 볼 때 시간의 무게와 변화상을 잊지 말았으면 하는 바람에 계수관에 대한 간단한 정의에 설명이 길어졌다. 딱딱한 행정제도이기에 확정적으로 보기보다는 시간의 변화상을 더욱 염두에 두고 볼 필요가 있다.

이제 〈표 1〉을 보자. 감영이 설치되었던 곳이나 이후 변화된 지역은 두 곳을 제외하면 모두 계수관이었다. 감영 소재지로 계수관처럼 전통을 갖는 큰 도시가 지정된 것이다.

두 곳은 계수관이었던 적이 없는 곳으로 경기감영이 있었던 한성부 반송방과 경상감영이 최종적으로 위치한 대구이다. 장을 시작하며 제시했던 세 가지 이야기 중 첫 번째 이야기를 본격적으로 풀어 쓴다. 경기감영은 두 번째 이야기에서 다루겠다.

경상도는 8도 중에서 땅이 넓고 인구가 조밀한 특징이 우선했다. 그래서 낙동강을 경계로 좌도와 우도로 나누어 각각 관찰사를 파견하여 다스릴 것을 논의한 것이 조선 전기부터 쭉 이어졌다. 실제로 도를 나눈 시도도 있었다.

『여지도서』에 경상도 감영의 연혁이 자세하다. 1519년(중종 14)에 좌·우도로 나누고 각각 감사를 파견하되 낙동강 동쪽은 좌감사 소속으로, 낙동강의 서쪽은 우감사 소속으로 만들기도 했다. 하지만 같은 해에 폐단이 많다는 이유로 다시 한 개 도로 환치했다.

경상도 분도 문제는 전란으로 새로운 국면을 맞았다. 1592년(선조 25)에 임진왜란으로 도로가 불통되자 좌·우감사로 나누어 좌감사는 경주에, 우감사는 상주에 두고 병사와 수사의 일을 지휘하게 했다.

1593년(선조 26)에 도를 다시 하나로 합쳤고 감영을 성주의 팔거현에 두었다. 곧 총병 유정이 주둔했기 때문이다. 실록 기사 곳곳에서 당시 명나라 총병이 팔거에 주둔한 사실이 확인된다. "유정이 5천의 군대를 거느리고 팔거에 있었다.(『선조실록』 26년 12월 29일)"는 기록에서 구체적인 군대 규모도 알 수 있다.

전란 중이던 1595년(선조 28)에 다시 좌·우로 나뉘었지만 1596년(선조 29)에 하나로 합해 대구에 감영이 설치되었다. 이로써 경상도의 중앙에 감영이 설치되었다. 전란 중에 설치된 대구감영은 병화를 입어 곧 혁파되기도 했다. 그러나 얼마 지나지 않은 1601년(선조 34)에 체찰사가 다시 보고를 올려 대구에 감영을 두어 부사를 겸하며 솔권할 것을 요청하여 시행되었다.

그림 16

경상도 감영지의 이동 과정,
〈해동지도〉위에 편집,
서울대학교 규장각한국학연구원 소장

경상도 감영의 이전 과정을 그려보면, 감영이 서울 쪽 경계와 가까
운 곳에서 점차 도 중앙부로 옮겨진 경로를 발견하게 된다. 조선 초
기 감영이 설치된 기준을 잘 보여주는 다음의 기사와 비교해 보자.

앞서 살핀 대로 경상감영은 처음에는 경주에 설치되었다가 상주
로 옮겨졌다. 세종 때에 경주 주민들이 상주에서 경주로 다시 감영
을 옮겨 줄 것을 청하는 글을 올렸다. 이들의 청원에 따라 의정부에
서 경상감영의 이전에 대해 의논하여 왕에게 아뢰었다.

"영의정 황희·좌찬성 박종우·좌참찬 정분이 말하기를, '삼가 익제의 『난고亂藁』에, '동남의 주군州郡으로는 경주가 크고 상주가 다음이 된다.' 하였으나, 사명使命을 받든 자가 반드시 먼저 상주로 길을 떠나서 뒤에 경주에 이르기 때문에, 풍화風化의 유행流行하는 것이 상주를 경유하여 남쪽으로 내려갔고, 경주를 거쳐서 북쪽으로 온 일은 일찍이 없었습니다. 평안도의 평양, 전라도의 전주, 강원도의 원주, 황해도의 해주 등 본영本營이 모두 서울 가까운 곳에 있는 것도 이뜻이라고 생각합니다. (중략) (경주로 삼는다면) 풍화의 행하는 것이 남쪽으로 말미암아 북으로 오는 것이니, 호령을 발하고 시행하는 것이 지체되고 늦어질 것 같고, 한 도에 두영營이 있는 것도 또한 체통體統의 뜻이 아니옵니다.' 했다."

―『세종실록』 30년 4월 5일

감영이 설치된 기준에 대해 매우 명확하게 거론된 위 실록 기사는 여러 학자에게 인용될 만큼 중요한 내용을 담고 있다. 내용을 보기에 앞서 밑줄 친 몇몇 용어의 뜻을 알면 이해에 편리할 듯하다. 『난고』는 고려 때 명망 높은 학자였던 이제현이 쓴 시문집으로 익제는 이제현의 호이다. 풍화의 유행이란 왕의 교화가 흘러 퍼져나

가는 것을 말한다.

이제 본론을 짚으면, 위 기사에서 경상감영을 상주에서 경주로 옮길지 여부에 대한 영의정과 좌의정 등 대신들의 의견은 곧 당시 관찰사가 어디에 있어야 하는지의 원칙을 보여준다. 영의정이었던 황희는 풍화의 흐름에 따라 서울에 가까운 상주가 경주보다 감영으로 더 합당하다고 했다. 이 원칙은 계수관과 맞물려 도내 대도시 중에서 서울 쪽에 가까운 계수관이 감영으로 정해졌다는 일반론을 확산시켰다.

세종 때의 이 논의 내용은 왕의 교화를 물의 흐름처럼 여겨 궁궐이 있는 서울에서 남쪽으로 점차 내려가는 당시 생각들을 엿보게 한다. 통치력이라는 형이상학적 개념을 물의 흐름이라는 물리적 현상으로 인식한 점이 흥미롭다. 하지만 단지 자연현상에 빗댄 명분만은 아니었다. 왕명이 전달되는 실제 이동 경로를 생각하면 도내에 왕명이 먼저 빠르게 전달되기에 서울과의 거리가 고려될 법하다.

그렇지만 감영을 오가야 하는 도내 백성들에게 이 같은 입지 기준은 불편이 컸다. 조선시대 고을 백성이 감영을 찾는 일은 드물지 않았다. 대표적인 경우 하나를 들면 고소와 관련된 일이 많았다. 억울한 일로 민원을 올렸는데 만약 수령의 판결이 고소인의 이해와 상반되거나 여전히 억울한 경우 관찰사에게 직접 소장訴狀을 올릴 수 있었다. 이것을 의송議送이라고 한다. 의송이 접수되면 관찰사는 빠짐없이 곧바로 해당 고을 수령에게 조사하여 보고할 것을 명령하였고 사안에 따라 해당 고을 주변의 수령들이 함께 조사관으로 정해졌다. 경주나 상주에 비해 대구는 도내 중앙부를 차지하니 감영을 오가는 지역민에게 원근의 차등이 크게 조정되게 되었다.

대구감영이 특별한 것은 계수관이었던 적이 없다는 사실이다. 조선 초기 계수관제가 고려에 이어 유지되었지만 도제의 행정적 체계에서 계수관은 그 역할이 한정될 수밖에 없었다. 대구가 도내 중앙이라는 입지에 따라 감영이 설치되었고 조선 말까지 감영이 유지된 것은 조선 후기 8도제에 대한 운영 실제를 볼 수 있는 단서가 된다. 계수관제가 조선 초기에 행정단위로서의 기능을 상실한 이후 도내 행정에 최적지로 도내 중앙부가 고려된 점은 도제道制 운영에서 실제적 효과가 지역민에게 미쳤을 것이기 때문이다.

서울 땅에 있던 경기감영[13]

조선이 개창된 후 경기감영은 경기 수원에 처음 설치됐다. 그러나 얼마 지나지 않아 광주廣州로 옮겨진 후 세조 때 한성부 소속 반송방에 자리 잡았다. 반송방은 사대문 중 서대문인 돈의문 바로 바깥편으로 도성 안은 아니었다. 하지만 한성부는 도성 안과 도성 밖 십 리 이내인 성저십리城底十里까지를 행정 범위로 했다.[14]

경기감영은 경기도를 관할하는 관찰사의 본영인데도 위치는 경기도가 아닌 한성부에 있는, 제도와 공간이 상이한 이중적 성격을 가졌다. 현재 시점으로 보면 경기감영의 위치는 모순되어 시급하게 시정되어야 할 듯하다. 조선 거의 전 기간동안 경기감영을 경기 땅으로 옮길 생각을 왜 하지 않았을까?

경기京畿라는 이름값을 먼저 고려해야겠다. 경기란 국왕이 있는 왕도王都를 에워싸고 보호하는 공간이라는 의미이다. 공간적 특징의 의미에 주목하면 조선 사회에는 모순적 상황에 대해 다른 입장일 수 있겠다는 여지가 생긴다. 정약용도 경기감영이 서울 땅에 있는 것을 문제 삼지 않았다.

정약용은 국가개혁론을 모아 『경세유표』에 정리했다. 국가행정 관청인 육조에 따라 여섯 가지 목차를 구성하고 나라를 경영하는 모든 제도에 대해서 이전까지 관례에 구애받지 않고 새롭게 체계를 세우고 대안을 제시했다.

행정 편제에 대한 새로운 제안에서 고을을 어떻게 나눌 것인지를 다룬 항목에서 파격적이라 할 만한 여러 개혁안을 내놓았다. 하지만 경기감영에 대해서는 정문인 포정사布政司가 돈의문 밖에 있다는 내용만을 언급했다.

정약용이 내비친 경기감영의 한성부 내 입지에 대한 인정은 현재 8도를 동일하게 간주하는 현재 시각에 환기를 요구한다. 현재 '경기도'라고 하지만 조선시대에는 '경기'라고만 이름했다. 고려 때부터 관습적으로 불리던 명칭일 수도 있지만, 경기의 기능과 위상에 대한 조선 정부의 인식을 담고 있는 것은 아닐까. 이렇게 보면, 고려와 조선 초기에 진행된 왕성을 중심으로 재조정된 경기의 행정 범위의 변화가 더욱 쉽게 수긍된다.

고려의 수도는 개성이었고 조선을 건국하며 즉위한 태조도 1392년 7월에 개성에서 왕에 올랐다. 즉위한 지 한 달이 채 되지 않아 8월에 태조는 한양으로 도읍을 옮길 것을 명령했다. 하지만 궁궐이 모두 지어져서 태조의 거처가 옮겨진 것은 2년 후인 1394년 10월이었다.

천도 결정과 시행 사이에 경기 권역이 변했다. 개성을 중심으로 동심원을 그리던 행정 범위는 한양을 중심으로 바뀌었고 이전보다 남쪽으로 내려온 모양이 되었다.

이처럼 경기는 왕성이 어디인지에 따라 행정 범위가 결정되는 특별한 위상을 가졌다. 그렇다고 경기감영을 한양에 두어야 했을까? 경기감영이 처음 설치된 수원에서 반송방으로 옮겨진 과정을 살펴보자.

경기 수원에서 반송방으로 옮겨진 과정

경기감영이 한성부 내에 위치하기 이전 감영에 대한 기록은 소략하게 전하고 있다.

① 경기도 관찰사京畿都觀察使라 일컫고 감영을 수원水原에

   두었다.

   ―『세종실록지리지』, 경기

② 지금 경기가 이미 수원의 수백 년 구영舊營을 혁파하고 광

   주廣州로 옮긴 것은 감사의 겸임을 중하게 여긴 것입니다.

   ―『세종실록』 30년 4월 5일

③ 광주廣州의 아전[吏] 박영朴榮 등이 상언上言하기를, "본주本州

서울에 가까워서 일이 번잡하므로 날마다 조잔凋殘하여집

니다. 지금 이미 관찰사의 감영을 혁파革罷하였으니 (하략)"

— 『세조실록』 6년 1월 26일

태종 때 경기감영이 수원에 처음 설치(①)된 후, 광주廣州로 이전

되었다가 한성부 내로 옮겨졌다. 수원에서 광주로, 광주에서 한성

부로 이전된 시기는 명확하지 않다. 다만, 수원에서 광주로 이전된

이유는 경기관찰사가 광주목사를 겸임하였기 때문이라는 점이 확

인된다.(②) 연대기 자료에서 경기감영이 광주에 있었던 것이 확인

되는 가장 늦은 시기는 1448년(세종 30)이고 한성부 내에 있음이

확인되는 가장 빠른 시기는 1460년(세조 6)(③)이다.

즉 경기감영은 세종 말년에서 세조 즉위 초 어느 시점에 이전되었

다. 그렇다면 경기감영이 어떻게 한성부 안에 세워질 수 있었을까?

돈의문 바깥 행정단위는 반송방과 반석방으로 구성되었다. 돈의

문 밖은 너른 지역이 평평하고 뒤로 이어지는 안현에서 아현 고개

로 이어지면서 집터로서 각광받았다. 고려시대 남경이 운영될 때부

터 여러 집들이 들어섰고 조선 초기 성저십리 지역 중 가장 먼저 한

성부에 편입된 곳이 반송방과 반석방일 정도로 거주민이 많았다.

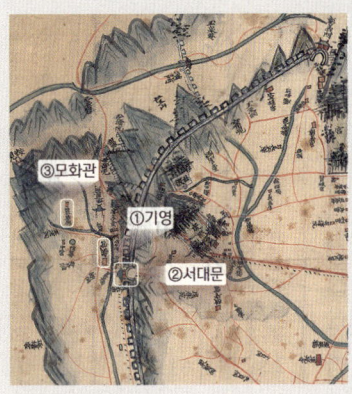

그림 17

서대문 밖 경기감영의 위치,
〈한성도〉 위에 편집,
국립중앙박물관 소장, e뮤지엄에서 전재

③모화관

①기영

②서대문

〈그림 17〉에서 ①로 표기한 기영畿營과 그 오른편에 있는 서대문
(②)을 확인할 수 있다. 현재적 거리감에 참고되도록 모화관(③)에
도 표시했다.

감영은 임진왜란을 거치면서 점차 행영行營에서 유영留營으로 성
격이 변했으니 세조 때 경기감영이 마련될 때 많은 공간이 필요하
지는 않았을 것이다.

그럼에도 성저십리 중 가장 번화한 곳이었던 반송방에 어떻게 경
기감영이 들어설 수 있었을까는 여전히 의문점이 크다. 이 의문에
대한 답은 세조 즉위 전인 1453년(단종 1) 10월에 있었던 계유정난
에서 단서가 찾아진다.

김종서를 반역죄로 몰아 처단한 수양대군은 김종서의 가산을 몰수했다. 김종서의 집은 돈의문 바로 밖에 있었다. 계유정난 후 몰수된 김종서의 집은 청성위 심안의에게 주어졌다. 세종의 딸인 정안옹주貞安翁主의 남편으로 세조 즉위 후 공신에 책봉된 인물이다.

그러나 그 해 말인 1453년(단종 1) 12월에 충훈사 관사로 사용되었다. 충훈사는 이내 충훈부로 격상되어 공신에 관한 사무를 담당했다. 계유정난부터 약 20여 년 동안 다섯 차례나 공신 책봉이 있었고 충훈부의 성격도 강화되었다. 충훈부는 도성 안 북부 광화방에 있어 새로 청사를 세워 옮겨졌다. 이로써 비워진 김종서 가옥은 이후 다른 관서가 사용했다는 기록은 찾아지지 않는다.

충훈부가 옮겨진 시점은 확인되지 않지만 세조 때 충훈부의 위상 강화 및 경기관찰사제의 변화와 경기감사가 입시入侍하기 시작한 여러 정황이 단서가 된다. 이에 기반하면 1457년(세조 3)에 경기감영이 반송방에 세워진 것으로 추정된다. 여기에 더해 김종서의 집과 경기감영의 위치는 지금까지 알려진 현재 주소에 따르면, 매우 가깝다.

경기감영이 광주廣州에서 한양으로 이전된 시기를 1457년으로 비정하더라도 여전히 남는 궁금증은 세조가 왜 옛 관례를 넘어 제도와 공간이 모순되는 위치에 경기감영을 두어야 했는지에 대한 것이다.

세조가 경기감영을 설치한 돈의문 밖은 의주로가 특징적이다. 의주로는 서울-고양-파주-장단-개성-김천-서흥-봉산-중화-평양-숙천-안주-정주-곽산-용천-의주에 이르는 길이었다. 조선 초기부터 추진되었던 중앙집권제를 위한 방편 중 도로 정책은 제도 확립을 위해 필수조건이었고, 도로 정책은 역참의 구축으로 집약되었다. 즉 역참은 교통만이 아닌 정치·군사적으로 운영되었다. 역로는 왕을 정점으로 한 통치 집단이 지방에 명령을 하달하고 지방관이 중앙에 조세와 공물을 상납하며 또 변방에서의 불상사를 보고하는 연결체기 때문이었다.

조선시대 한양에서 외방으로 통하는 도로는 간선도로만도 여럿 있었다. 『증보문헌비고』에서는 9개 노선, 『도로고』에서는 6개 노선을, 『대동지지』에서는 10노선을 주요 간선도로로 꼽았다. 그 어느 책에서든지 제1로는 의주로였다. 의주로 중 한양에서 개성에 이르는 길은 폭이 매우 넓고 바닥이 잘 닦여진 중요한 간선도로였다. 세조 때 경기감영이 의주로에 위치하게 된 여러 배경이 있었겠지만 북방 방비와 도성 수비라는 군사적 목적이 컸다고 하겠다.

경기감사만 경관직으로 바꾼다면

광해군은 경기관찰사가 도성에서 멀리 있으면 급한 일이 있을 때 어렵다고 말할 정도였다. 조선 후기가 되면서 경기감영이 한성부에 위치하는 것은 오래된 관례가 되었다.

그런데 경기감영의 한성부 내 입지가 강화되고 자연스럽게 수용 되었지만, 경기관찰사는 여전히 타도 관찰사와 마찬가지로 외관직 이었다. 외관과 경관의 제도적 구별이 엄격했던 조선 사회에서 경 기관찰사는 끊임없이 경관직과 혼동되며 경계가 애매했다.

> "경기관찰사가 새로 임명되면 매양 경기 지역에 있는 고
> 마청雇馬廳에 갔다가 그 길로 대궐에 들어와 숙배肅拜하고 집
> 에서 사무를 처리하곤 했다. (중략) 경기 감찰사만 유독 외
> 임外任으로 여기면서도 대궐에 들어와 숙배하는 일을 폐지
> 하지 않는 것은 참으로 당치 않은 일이다."
>
> ─『임하필기』, 경기감영의 고사古事

『임하필기』는 조선 말기 문신으로 영의정까지 지냈던 이유원李裕 元(1814~1888)이 펴낸 책이다. 고종 때 관직생활을 했던 이유원이 보기에 경기감사가 여전히 사은숙배를 하는 것은 참으로 당치 않아

보였다. 그도 그럴 것이 경기감사는 수시로 궁궐에 들어와서 왕을 만나 시무時務를 전달하고 명령을 받았기 때문이다.

그런데도 관직 체계에서 외관직, 즉 지방관직으로 편재되어 있는 경기감사는 외관직이 임명되어 부임지로 갈 때 행해야 하는 기본 의례인 숙배를 해야 했다. 형식에 갇혀 불필요해 보이는 의례로 여길 만했다.

하지만 권한을 위임받아 직임의 일을 하는 관료제에서 체계와 책임은 의례로 가시화된다. 실제로는 궁궐 가까이에 있다고 하더라도 도의 장관인 관찰사가 사은숙배 절차를 생략할 수는 없는 것이다.

명령체계 역시 마찬가지였다. 경기관찰사가 입시하여 왕에게 직접 명령을 받았더라도, 외관직 행정운영 절차에 따라 공식 문서가 오가야 했다. 왕이 내린 명령은 중앙 경사京司로부터 공식 행정 문서로 이미 해당 내용을 들은 경기감사에게 전달되었고, 이에 대한 답을 장계로 작성해서 올려야 했다. 예컨대 1784년(정조 8) 2월 16일 문서로 경기감사에게 전달된 전교 내용은 이전에 경기감사 심이지가 입시하여 정조에게 직접 들은 내용이었다.

감영이 서울 안에 있지만 관직 체계는 지방직인 경기감사의 모순된 상황은 감영이 유영화된 조선 후기에 해결책이 여러 차례 거론되기도 했다.

"경기감사 이익정에게 하유하기를, '경기감영은 성문 하나를 사이에 두고 있는데도 외관직이기 때문에 소명召命이 있지 않으면 연대筵對할 길이 막혀 민정民情을 진달할 수가 없다. 뒷날 빈대賓對에는 양도兩都 유수留守의 예例에 의거하여 함께 입시하게 하라.' 하였으나, 뒤에 전규前規가 없다 하여 그대로 정지하고 행하지 않았다."

—『영조실록』 16년 8월 1일

위 실록 기사를 보면 이날도 경기감사는 여러 대신들과 함께 영조를 직접 만났다. 영조는 이 자리에서 경기감사에게 명령을 내렸다. 외관직은 임금이 궁궐로 들어오라는 명령이 없으면 논의하는 자리에 들어올 수 없었다. 그러니 잦은 출입에도 불구하고 이날도 경기감사는 임금의 소명이 전달되어야 궁궐에 들어올 수 있었다.

빈대는 매달 여섯 번씩 재상부터 주요 대신들이 왕을 뵙고 중요한 정무政務를 직접 아뢰는 회의 자리였다. 영조가 예로 든 유수는 중앙직으로 유수부 장관이다. 영조 때 개성과 강화를 유수부로 삼고 유수가 다스리고 있어서 '양도 유수'라고 했다.

경기감사를 경관직화하는데 유수처럼 체계를 정하려는 것이 영조의 생각이었다. 하지만 관찰사라는 직함이 그대로 있는데 경기감사만 경관직으로 하는 것은 관직 제도에 혼란을 가져올 수 있었다. 이런 우려를 '전례가 없다'라는 우회적 이유로 영조의 시도는 무산되었다.

영조 때 경기관찰사를 경관직에 포함시키려는 시도는 정조 때 거듭되어서, 1792년(정조 16)에 경기관찰사는 조회朝會·진하進賀·거둥 및 그 밖의 행사 등에 참석하도록 했다. 정조의 구상은 고종 때에도 이어져서 경기감사를 경관직으로 바꾸려는 시도가 있었다.

앞서 읽었던 『임하필기』 글 중에 고종에 이르러 경관직 모든 관료가 궁궐 내에서 왕에게 문후를 올리는 반열班列에 경기감사도 참석하는 것을 정식定式으로 삼았다고 밝혔다. 글을 쓴 이유원이 고종 때 직접 듣고 보고 쓴 것이니 시행된 것은 분명해 보인다. 그렇지만 이 시도가 얼마나 지속되었는지는 알기 어렵다.

1895년(고종 32)에 시행된 대대적인 행정 개편에 따라 8도제는 23부제가 되었다. 경기관찰사는 한성관찰사로 이름이 바뀌었고, 다음 해에 다시 13도제가 시행되면서 경기관찰부京畿觀察府로 직명이 정해졌다. 이때 감영을 수원에 두었다. 경기감영이 수원으로 옮겨지면서 비워진 반송방의 경기감영 자리에는 한성부가 들어갔다.

8도 감영의 같고 다른 특징

현재의 관심과 필요에 따라 과거가 소환되기 때문에 모든 역사는 현재사라고 한다. 현재적 관심에 따른 소환이란 과거의 단절된 대상을 현재적 인식 체계로 이해한다는 제한을 인정하면서도 현재와 어떻게라도 연관되었으리라는 모순된 인정이다. 누구도 조선시대 사람들과 현재 직접 면담할 방법은 없다. 결국 과거의 창은 사료의 분석을 통할 수밖에 없다. 사료를 대하는 기본 태도는 완벽한 단절의 인정에 기반해야 할 것이다.

오늘날 행정제도는 균일한 원칙이 전국에 동시 적용된다는 상식대로 보면, 조선 후기 8도제를 운영할 때 각 도별 위상과 당대인의 인식을 발견하기 어려울 것이다. 조선 사회만의 도별 행정의 통일성과 다양성은 조선 사회를 이해하는 의미 있는 시선을 마련하는 단초가 될 듯하다.

8도 감영을 구성하는 인적 요소와 공간 요소에서 무엇이 같고 무엇이 달랐는지를 보려 한다. 이를 통해 조선 사회에서 상식적으로 받아들인 도별 차이가 무엇인지 가려낼 수 있을 것이다. 특징과 차이를 보기에 앞서 당연하게도 확인되어야 할 공통 요소를 정리했다. 오백 년이나 유지된 조선에 실제 작동했던 균질적인 행정력이 더욱 두드러지게 확인될 것이다.

8도 감영 관원의 공통 요소와 차이

중앙에서 파견된 감영 소속 관원은 법전에 명기되어 있다. 읍지에도 감영 항목이 별도로 있어서 대조군으로 삼으면 교차 확인할 수 있다.

〈표 2〉 조선 후기 중앙에서 감영에 파견된 관원의 도별 상황

	경기	충청	경상	전라	강원	황해	함경	평안
도사	1	1	1	1	1	1	1	1
순영중군	1	1	1	1	1	1	1	1
심약	0	1	1	1	1	1	1	1
검률	1	1	1	1	1	1	1	1
계사	0	0	0	0	0	0	0	1
역학	0	0	0	0	0	1	1	1
화사군관	0	1	1	1	1	1	1	1

― 8도에 공통된 중앙 파견 관원

〈표 2〉는 법전과 지리지류 내용을 총합한 것으로 8도 감영의 관원 구성에서 전국에 동일하게 파견된 관원은 도사·중군·검률이다. 이들은 모두 관찰사에게 고과를 받는다는 점이 중요한 공통점이다.

관찰사는 매년 6월과 12월에 포폄 장계를 왕에게 보고해야 했다. 실제 포폄 장계를 봐도 법전에 지정한 달에 장계가 작성되었고 위 공통관원들이 포함되었다. 각 관원별로 업무 특징은 『여지도서』에 간략하지만 명확하게 정리되어 있다.

"도사都事 문관이고 5품직으로 관찰사의 막료幕僚이다.

순영중군巡營中軍 무관이고 3품직으로 관찰사의 군사 업무 를 보좌한다.

검률檢律 형조 소속 율관律官으로 예조에서 시험하여 뽑아 합격한 자 중에서 파견한다."

도사는 관찰사 유고 시에 그 임무를 대행하거나 순행 지역을 나 누어 분담하곤 했다. 조선 초기부터 수령관이라고도 불렸던 관찰 사의 보좌관은 도사와 경력이었다. 세조 때 경력을 없애고 감영의 수령관으로 도사만 남았다. 따라서 『경국대전』에는 경력이 기재되 지 않았다.

도사가 종5품으로서 각 도에 1명씩 제도적으로 배정된 것은 성종 때이다. 이후로 도사는 1882년(고종 19)에 혁파되기까지 8도에 파 견되었고 법전에 제한된 관품은 종5품이다. 『여지도서』 감영 항목을 보면, 8도 감영의 도사는 임기가 동일하게 1년이다.

순영중군은 정3품 무관직이지만 대개 중군은 종2품 무관직으로 각 군영의 대장에 버금가는 높은 자리였다. 각 도에 파견된 처음에는 관찰사가 임의로 정하였다. 하지만 전란을 거치면서 임금이 임명하고 병조에서 파견하게 되었다. 일례로『여지도서』함경도 관직 항목을 보면 순영중군은 관찰사가 자벽하다가 임금이 임명하기 시작한 때는 1604년(선조 37)부터였다. 병조에서 파견하는 것으로 바뀐 것은 순영중군의 군사업무가 더욱 중요해졌음을 반증한다.

순영중군이 일시에 전국에 배치된 것은 아니었다. 『증보문헌비고』 직관 항목에 따르면 경기 중군은 1768년(영조 44)에 신설되어 전국에서 가장 늦게 설치되었다.

검률은 종9품이고 녹봉을 지급받지 못하는 무록관無祿官이었다. 법률 조항을 상고하고 형사사건에 따라 적절한 조문을 확인하여 사송업무에 조율의 정확성을 확보하는 직무를 맡았다. 『경국대전』에 각 도 감영에 1인의 검률이 배정되어 있다. 다만 전라도는 감영 외에 제주에도 검률이 파견되었다. 『속대전』에는 변화가 없다가 『대전통편』에 이르면 개성부와 강화부에 검률이 증치되었다.

8도에 모두 파견되는 검률이지만 감영마다 임기에 약간의 차이가 있었다. 『여지도서』를 보면 강원감영의 검률만이 2년의 임기를 가졌고 충청·평안·황해·경상·함경 등 5개 감영의 검률은 15개월을 임기로 했다. 검률을 시재試才하여 차견差遣하는 곳은 충청에만 이조에서 담당했다. 강원·평안·황해·경상·함경 등의 감영에는 형조에서 시재하여 차견했다.

— 도별로 달랐던 중앙 파견 관원

〈표 2〉를 환기하면 감영에 파견된 관원 중 심약審藥과 화사군관畫師軍官은 경기를 제외한 7도에 파견되었다. 계사計士는 평안도에만 파견되었으며 역학譯學은 변경 지역인 평안·황해·함경 감영에만 파견되었다.

심약은 무록관으로 대부분 예조에서 파견했다. 임기는 15개월에서 2년까지로 도마다 차이가 있었다. 감영의 심약은 약재 진상과 군병의 치료 등을 맡았고 병영 심약은 군병의 치료 업무만 했다. 하지만 함경 북병영·남병영, 평안의 심약 3원은 감영 심약과 마찬가지로 약재 진상을 담당했다.

화사군관은 지칭하는 이름도 도道마다 차이가 있었다. 『여지도서』에서 충청·함경감영은 화사로, 황해감영은 화사비장이라 했다. 화사군관은 도화서에서 지방 군영에 주로 파견되었는데 영조 때가 되어서야 감영에도 파견된 것으로 보인다. 화사畫師는 그림 그리는 것을 업으로 삼은 사람을 일컫는다. 중앙조정에 올릴 자료 중 그림으로 그려야 하는 경우 화사군관이 역할을 맡았다.[15]

계사는 『여지도서』에 따르면 전국에서 평안도 감영에만 유일하게 파견되어 평안도 재정의 특수성을 보여준다. 계사는 산학청 소속으로 지방에 파견된 경우는 평안감영 한 자리뿐이었다. 평안감영에 파견하는 계사는 호조에서 뽑아 보냈고 임기는 2년이었다.

평안도는 국경 지역이면서 의주대로로 연결되어 중국 사신이 왕래하는 중요한 길목이었다. 따라서 사신 접대가 평안도의 행정과 재정 운영에 큰 특징을 구성했다. 사신 접대에 필요한 재원 마련을 위해 호조에 납부해야 할 전세田稅를 그대로 평안도에 두고 사용하게 했다. 이처럼 재정적 운영이 다른 도와 규모 면에서나 운영 면에서 차이가 특징적인 평안도에만 계사가 파견된 배경은 미루어 짐작이 되는 부분이다.

역학은 역과譯科를 통해 선발되어서『경국대전』에 선발 과정이 자세하다. 역과는 초시와 복시만을 거치되, 한학漢學·몽학蒙學·왜학倭學·여진학女眞學으로 나누어 정해진 인원수는 초시에는 한학만 23인으로 하고 나머지는 각 4인 등을 사역원에서 시험으로 뽑았다.

평안도와 황해도는 조선 초기부터 역학이 향시를 통해 관찰사에 의해 선발되었고, 별도로 역학 1명이 감영에 파견되었다. 함경도에는 숙종 때부터 파견되었다. 임기는 차이가 있었다.『여지도서』에 따르면 평안도와 황해도는 30개월을 임기로 하는데, 함경도는 24개월에 교체되었다.

함경도에 역학이 파견된 이유는『여지도서』에 자세하다. 숙종 갑진년에 청나라 사신 목극등이 국경을 정할 때 처음 이 자리를 두었고 서울의 담당 관아에서 뽑아 보낸다고 했다. 그런데 숙종 대에는 갑진년이 없어 이상하다. 숙종 때와 가장 가까운 갑진년은 1724년(경종 4)이다.

"금년에 목극등 등이 봉성에서 장백에 이르러 우리의 변경을 답사하려 하였으나, 길이 멀고 물이 큼으로 인하여 곧장 그곳에 이름을 얻지 못했다. 명년 봄 얼음이 풀리는 때를 기다려 따로 사관司官을 차견差遣하여 목극등과 함께 의주에

서 작은 배를 만들어 흐름을 거슬러 올라가되, 만약 능히 전

진하지 못한다면 곧장 육로로 토문강으로 가서 우리의 지

방을 답사키로 한다. 다만 우리의 변지가 도로가 요원하고

지방이 매우 험준하여서, 만일 중로中路에 막힘이 있다면,

조선국으로 하여금 차츰 조관照管케 하여야 하니, 이 상황을

담당 부서에서 조선국에 알리라."

—『숙종실록』 38년 2월 24일

위 기사는 목극등이 국경을 정하기 위해 조선 측 대표와 함께 압록강 일대에서 만나 조사를 하고 1712년(숙종 38)에 백두산 일대를 답사하고 국경을 정하고자 한 시기를 알려 준다. 이때가 임진년이다. 당시 기록에 근거할 때 숙종 갑진년은 숙종 임진년의 오기인 듯하다.

한편 다른 관원에 비해 감영보다 병영에 파견된 역학의 수효가 훨씬 많다는 점이 주목된다. 역학은 『경국대전』에 5명이었다가, 『대전통편』에는 16명으로 파견 인원과 장소가 확장되었다. 하지만 경기·충청·강원에는 역학이 파견된 적이 없다. 감영에 파견된 3명에 비해 나머지 13명은 통제영과 수영 및 병영에 파견되었다. 특히 전라도에 6명, 경상도에 3명의 역학이 파견되었지만 감영에는 두지 않았다.

역학이 파견된 지방관서인 감영과 병영과 수영이 비교되는 것은 관찰사의 도별 업무 특징을 가늠할 수 있기 때문이다. 아울러 앞서 살핀 검률과도 비교되는 지점이 있다.

검률은 사법행정 운영에, 역학은 변경 지역 대외교섭 활동에 그 역할이 특정지어 진다고 하겠다. 즉 병영에는 검률이 파견되지 않은 것과 역학이 주로 변경 지역 병영과 군현에 배치되었다는 사실은 관찰사가 사법 행정에 주도적 위치였던 것에 비해 대외 업무에 있어서는 일정한 한계가 있지 않나 추정하게 된다.

― 공통점

8도 감영에 균일하게 파견된 관원은 관찰사의 포폄 대상이라는 공통점을 갖는다. 전국 감영에 공통으로 구성된 관원은 관찰사의 공적 고과를 통해 관할된 것이다. 도별 특징과 맞물려 관원 구성에 차이가 있었던 경우는 심약을 제외하고는 관찰사의 포폄 대상이 아니었다.

전국 감영에 파견된 관원 중 공통 요소가 모두 포폄 대상이라는 점과 반대로 특정 감영에만 파견된 관원이 포폄 대상이 아니라는 점은 의미 있는 발견이다. 조선 사회가 지방에 균질적 행정 운영을 확보하는 장치로 인사고과를 활용했음을 확인할 수 있기 때문이다.

다른 의미로 주목할 것은 1895년(고종 32) 3월 18일 갑오개혁으로 여러 관제가 개혁될 때 변화이다.

> "이번 경장更張의 시기를 만나 불필요한 관직을 없앨 수 있으니, 전에 지방에 차송한 심약·화원·사자관寫字官·역학 등의 인원을 모두 감하減下하는 것이 어떻겠습니까?" 하였는데, 그대로 윤허한다는 칙지를 받들었다."
>
> —『승정원일기』 고종 32년 3월 18일

위의 기사에서 경장이란 1894년 갑오년에 있었던 개혁을 가리킨다. 갑오개혁을 통해 불필요한 관직을 정리한 대목으로 지방에 파견했던 심약·화원·사자관·역학 등이 일괄적으로 혁파되었다. 당시 개혁의 효력 여부를 떠나 이 같은 시도는 지방행정에 지역별 특수요소에 대한 정비라는 중요한 시사점을 준다.

감영 중심 건물과 이름들

도내 최고 관장인 관찰사가 머무는 감영은 감영 내 공간과 함께 감영에 인접해서 함께 설치되는 공적 기구들이 필요하다. 감영이 독자적인 공간을 차지하기 시작한 것은 조선 후기 감영이 행영行營

에서 유영留營으로 성격이 변화되면서부터였다. 감영의 건물은 구성 관원의 요소와 체계에 따라 달랐다. 건물이 곧 사람의 공간이기 때문이다.

그렇지만 감영이 관찰사의 본영인 만큼 관찰사를 위한 공간과 중앙에서 파견된 관원들의 건물은 대체가 비슷했다. 감영의 위용을 맨 처음에 보여줄 정문, 관찰사의 중심 공간인 정청, 관찰사의 처소, 아감사인 도사의 건물 등이 8도 감영에 고루 갖추어져 있었다. 각 도 감영이 어떻게 세워져 나갔는지 『여지도서』 내용을 통해 보자.

강원도 원주에 감영이 설치되었으나 독립된 건물이 없다가 1665년(현종 6)에서야 처음으로 관찰사의 집무청인 선화당宣化堂이 지어지기 시작했다. 두 해 만에 완공되었고 단청은 1672년(현종 13)에 입혀졌다.

한편 충청감영은 1603년(선조 36) 쌍수산성 내에 처음으로 감영 건물을 지어서 관찰사가 가족을 데리고 함께 거처했다. 그러나 성 내가 좁아서 한 해 뒤에 감영을 읍내로 옮겼다. 이후에도 감영지는 여러 차례 이전되었다가 1706년(숙종 32) 봉황산 아래에 이전된 후 다음 해에 감영 건물이 증치되었다.

조선 후기 감영은 강원감영처럼 감영이 설치되는 것과 물리적 공

간을 건물로 채우는 것은 시차가 있었다. 혹은 충청감영의 경우처럼 감영지가 여러 차례 옮겨지면서 감영 건물도 계속 늘어났다.

─ 포정사

각 도 감영의 공해公廨 항목을 보면 감영의 정문에 포정문 혹은 포정사라 현판을 걸었다. 관찰사가 업무를 보는 관청을 '포정사布政司'라고도 해서 포정사의 정문을 포정문이라 했다. 감영의 공적 지위를 나타내는 공통 사항이다. 내아는 관찰사나 수령처럼 지방에 부임한 외관직의 개인 거처로써 대부분 정청에 인접하여 두어졌다.

〈그림 18〉은 경상감영의 포정문이다. 포정문이라고만 현판을 내걸기도 하지만 해당 도를 쓰는 경우도 많았다. 그림에서처럼 경상

감영의 포정문은 '영남포정사嶺南布政司'라고 했다. 마찬가지로 경기 감영의 정문에는 '기영포정사畿營布政司'라고 현판을 걸었다. 이층 누각인 포정문 너머로 내삼문이 보이고 작지만 내삼문 안쪽에 선화 당이 배치되어 있음을 보여준다.

포정문은 감영의 정문이므로 격식에 따라 남향을 하는 것이 일반 적이었다. 특이한 점은 경기감영은 포정문이 서쪽에 자리 잡았다. 포정문이 난 방향은 의주대로 쪽으로 한양 도성의 정문인 숭례문에 서 출발한 관찰사 부임 행차가 의주로를 따라 진행되고 있는 것이 다. 격식에 맞춰 남쪽에 감영의 정문을 설치하지 않고 의주로를 따 라 포정문을 마련하였을 가능성이 높아 보인다.

― 선화당

포정문을 지나면 감영의 정청인 선화당이 중앙에 위치한다. 선화 宣化 즉 덕화德化를 펴는 것은 관찰사라는 직책이 해야 할 최고의 덕 목이었다.

"감사는 국가를 위해 한 지방을 선화하고 병사兵使는 국 가를 위해 천리를 절충折衝함이 그들의 임무이므로, 그들이 마땅히 주州·군郡을 순행하여 이익되는 점과 병폐되는 점을

그림 19

경상감영의 선화당,
국립중앙박물관 소장,
e뮤지엄에서 전재

논의하여야 합니다."

—『성종실록』 4년 8월 4일

　감영 중앙에 위치한 선화당이 어떤 용도였는지는 『여지도서』를
보면 충청도는 '관찰사 처소觀察使處所', 함경도는 '관찰사 좌기처觀察
使坐起處', 황해는 '관찰사 영觀察使營', 전라는 '관찰사 청사당觀察使聽
事堂' 등으로 정리되어 있다. 좌기는 앉고 서다의 단순한 뜻이 아니
라 관찰사가 출근하여 공적 업무를 살피는 것을 말한다. 청사라고
한 것은 좌기와 같은 맥락으로 도내 각종 공사에 대해 보고를 듣고
정사를 펴는 통치행위를 뜻한다. 업무처인 선화당에 대해 '처소'라
고도 한 이유는 일기류를 보면 선화당에서 손님을 맞이하거나 개인

적인 시간을 보내는 장면에서 이해되기도 한다. 업무처이면서도 주
된 생활공간으로 이해할 만하다. 선화당은 팔작지붕으로 건축되어
감영 내 정청으로서의 지위를 한눈에 알게 한다.

　— 징청각

　관찰사의 내아內衙는 징청각澄淸閣이나 징청당凝淸堂으로 불렀다.
'징청'이란 물처럼 아주 맑고 깨끗함을 뜻한다. 이곳에 머무는 관찰
사는 이 현판을 보며 드나들 때마다 백성 다스리는 자리가 청렴하고
맑아야 함을 떠올렸을 듯하다. 선화당이 공식 집무실이라고 한다
면, 내아는 개인 생활공간으로 관찰사와 그 가족들이 살았다. 〈그림
19〉 선화당과 〈그림 20〉 징청각을 비교하면 모두 팔작지붕으로 되

어 있고 규모도 비슷해 보인다. 건물의 규모를 비교할 만한 자료로 오횡묵의 일기인 『자인총쇄록』이 있다. 경상도 자인현 수령이었던 오횡묵은 경상감영을 방문했던 내용과 함께 감영 건물에 대해 일기에 기록하였다. 이를 보면 선화당은 28칸, 징청각은 33칸이었다.

ㅡ 도사청의 여러 이름들

관찰사의 정청은 8도 모두 선화당이라고 불렀던 것과 달리 도사의 업무 공간은 8도에 도사가 똑같이 파견되어 마련된 것은 마찬가지지만 현판 명은 도별로 달랐다. 경기감영은 『여지도서』뿐만 아니라 읍지류에서도 별도의 감영 건물 명칭을 확인할 수 없다. 다만 〈경기감영도〉라는 기록화에서 '선화당'이 확인되는데 도사의 건물은 '도사청'이라고 되어 있다.

경기를 제외한 전국 감영의 도사청에 붙여진 이름을 『여지도서』에서 확인하면, 충청은 피향당披香堂, 강원은 청음당淸陰堂, 평안은 연신당燕申堂, 황해는 고죽관孤竹館, 경상은 주홀헌柱笏軒, 함경은 문소관聞韶館, 전라는 현도관玄都館이라고 각각 현판을 걸었다.

아감사로 관찰사의 순행 업무도 일임하였던 도사가 머무는 관청에 붙여진 이름은 어떤 의미를 담았을까? 대체로 자연경관을 빗댄 이름이 많았다. 현판 명에 스민 풍광을 들여다보자.

피향이란 연꽃이 만발하여 향기가 주위에 가득 차는 것을 문학적으로 표현하였으니 충청도 도사청 가까이에 연지蓮池가 있었음을 상상하게 된다. 청음이란 시원한 그늘을 말하는데 소나무나 대나무 같은 나무가 빽빽하게 건물 주위를 채운 모습을 떠올리게 한다.

풍광이 아니라도 바쁜 공무 중에 모순된 이름도 있다. 연신이란 현판이 그렇다. 연신은 한가하고 편안하게 쉬는 모습이다. 아마도 쫓기는 마음을 몰아내고 백성을 위한 마음을 찾기 위한 것이 아닐까 한다.

4

관찰사제
확립 과정과 의미

갈등과 조율 속 제도의 변화

제도에 대한 사전적 뜻은 "관습이나 도덕, 법률 따위의 규범이나 사회 구조의 체계"이다. 개인적이고 사사로운 필자 나름의 제도에 대한 정의는 이렇다. "제도란 외강내유外剛內柔의 생명체다. 불변의 확정적인 외면과 격렬하게 요동치는 내면을 특징으로 한다."

제도의 바깥은 법률이나 규칙이 법전에 명백히 정리되어 사회 구성원에게 제공되는 명문화된 모습을 갖는다. 어떻게 확정할 것인가를 두고 오랜 시간 논의된 만큼 법제화된 제도는 돌에 새겨져서 바꿀 수 없는 것처럼 매우 견고하고 단단해 보인다.

한편 제도의 내부는 법률이 확정되어 딱딱한 외피를 입는 순간부터 요동친다. 법으로 정해져서 적용되는 순간부터 사회 내부의 여러 이해관계가 충돌하기 때문이다. 입장 차이에 따라 갈등이 드러나고 충돌과 전략의 회오리는 명문화된 제도를 안에서부터 끈질기게 흔든다. 이로써 제도는 활동성과 변화하는 생명력을 갖게 되어 사회 구성원과 상호 영향을 주고받게 되는 것이다.

제도는 하루아침에 만들어지지도 않지만 바뀌지 않는 제도는 없다. 무려 오백 년간의 관찰사제도 그러했다. 조선은 고려와 매우 다른 방향을 건국 처음부터 제시하고 전국 360여 개 군현에 수령을 파견했다. 긴 설명이 될 수 있지만 짧게 줄이면 고려 지방제도의 특징은 속현이 있었다는 점이다. 속현屬縣은 지방관이 파견된 주현主縣에 속해 있는 고을을 뜻한다.

고려 오백 년 동안 주현은 점차 늘어났지만 결국 속현은 남아있었다. 속현은 주현의 지방관에 속해 있었지만 속현의 백성은 지방세력인 호족豪族이 다스리는 것과 진배없었다.

천하의 백성이 왕의 백성이 되려면 왕의 사람이 백성을 다스려야 한다. 그래서 고려 지방제도를 이원적 지방 통치라고 부르는 것이다. 조선은 일원적 지방 통치를 실현하기 위해 건국과 동시에 지방제도를 수정하여 나갔다.

세조가 말한 다음의 한 줄 정리는 조선의 지방 통치 방식을 쉽게 설명한다.

> "수령은 백성을 다스리고, 감사는 수령을 다스리고, 임금
> 은 감사를 다스린다."
>
> —『세조실록』 10년 3월 10일

조선 지방 통치 체계는 왕-관찰사-수령-백성으로 일원적으로 연

결되어 전국 백성들이 왕의 통치를 구체적으로 실감하고 왕의 백성임을 알 수 있게 구상되었다.

전국 군현을 다스리는 수령은 백성과 가장 가까운 왕의 사람이었지만 왕이 수백 명의 수령을 직접 관할할 수는 없다. 그래서 전국을 8개 도로 나누는 8도제를 구축하고 각 도마다 1명의 통치권자를 두었다. 왕은 8명의 관찰사를 통해 전국 수령을, 그리고 백성 모두와 연결되었다.

관찰사에게만 부여된 왕에 대한 직계권直啓權은 행정 체계상 왕과 지방을 잇는 유일하면서도 확고한 창이었다. 수령은 왕에게 직접 문서를 올릴 수 없었다. 관찰사제의 안착과 운영 여부는 곧 중앙의 지방에 대한 통제 여부와 잇닿아 있는 이유가 여기에 있다.

그런데 제도는 외면과 내면의 불일치로 사회적 방향성과 현실 조건의 끊임없는 조율과 갈등 과정 속에 변화한다. 관찰사제의 정립 과정은 고려 오백 년의 관습적 연결선에 새로운 방향을 제시하며 수용되고 변모하는 시간이었다.

변화 과정과 그 의미를 두 가지로 짚어 보려 한다. 하나는 이름값에 담긴 각각의 의미가 어떠했기에 정착 과정이 복잡했는지를 살펴볼 것이다. 관찰사라는 관직명이 확립되기까지의 과정을 따라가면서 새로운 시도와 번복 그리고 혼용으로 어수선한 조선 초기를 소개한다. 제도의 변천 과정은 낯설고 어수선해 보이지만 조선이 어떤 사회이고자 했는지, 그들의 생각을 보여주는 하나의 창일 수 있다.

또 하나는 조선시대 네 차례 반포된 법전에 따라 관찰사제가 어떻게 확정되고 다시 수정되었는지를 임기 문제에 집중하여 정리하겠다.

조선이 건국된 후 수십 년 동안 정비된 체제는 성종 때『경국대전』에 정리되었다. 조선 사회 전 기간 내내 법전의 근간이 된 것이『경국대전』이다. 그러나 사람과 환경은 바뀌었고 특히 전란을 겪으면서 조선 사회는 크게 달라졌다.『경국대전』체제는 유지하면서도 변화에 따라 상황에 따라 숙고되어 '수교受敎'가 만들어졌다. 왕의 명령을 받는다는 뜻인 수교는 필요에 따라 정해졌다. 당연히 법적 효력을 가져서 준행되어야 했다. 수교가 쌓여나가면서 영조 때『속대전』, 정조 때『대전통편』, 고종 때『대전회통』등이 반포되었다.

조선 오백 년의 제도는 이 네 가지 법전에 기초하고 재정비되어 나갔다. 각 단계별로 관찰사제는 어떻게 정립되었고 무엇이 달라졌는지를 8도 관찰사의 임기 변동으로 살펴보자.

짧고 명확해진 직명[16]

조선 초기 관찰사 공식 명칭은 이렇다.

'도관찰출척사 겸 감창안집전수권농관학사제조형옥병마공사
都觀察黜陟使 兼 監倉安集轉輸勸農管學事提調刑獄兵馬公事'

—『세종실록』5년 12월 7일

무려 26글자였다. 도관찰출척사라는 감사의 직함에 겸兼해진 감
창·안집·전수·권농·관학·형옥·병마 등 관찰사의 주된 업무가 모두 포
함된 명칭이다. 6글자 직명에 20자의 업무 내용이 합쳐진 관직명이
다. 요즘 말로 풀면 '창고를 감찰하고, 백성을 잘 보살펴 떠돌지 않
게 하고, 세금 수송을 관리하고, 농사를 장려하며, 학교를 관리하고,
사법과 군사에 관한 일체의 일'을 맡은 '도관찰출척사'라는 뜻이다.

1423년(세종 5)에 20글자는 생략되었다. 즉 업무 내용은 직함에
포함시키지 않게 되었다. 이후 관찰사의 관직명은 여러 명칭을 거
쳐 세조 때 '관찰사' 3글자로 확정되었다. 조선 건국 처음에는 안렴
사라고 하였다가 곧이어 관찰출척사·도관찰출척사·도관찰사를 거
치면서 관찰사로 정리되었다.

이름은 제도의 방향성과 목적, 내용을 압축적이고 단명하게 보여준다. 때문에 제도 정비는 이름을 바르게 정하는 논의와 함께 진행되기 마련이고 각 이름마다 나름의 이유가 분명하다. 여기에 더해 새로 관품에 변화를 표시하기 위해 이름을 바꾸기도 했다. 예컨대 고려시대 안렴사는 5-6품이었지만 관찰사는 2품으로 높아졌다. 관찰사는 대신급의 관료가 임명됨으로써 강화된 지위와 권한을 부여받았다.

관찰사 이전의 이름을 살펴보기 전에 공통적으로 사용된 '사使'를 보자. '사'는 왕명을 받아 보내진 관료를 포괄한다. 암행어사를 예로 들면 왕의 명령을 받고 암행하여 백성과 지방관을 살피는 왕의 특사라는 뜻이다.

안렴사按廉使에서 안렴은 살펴서 바르게 한다는 뜻이 크다. 고려 말에 설치된 안렴사는 도道를 돌며 지방관의 업무를 평가했다. 백성들을 살피고 세금 징수를 비롯해서 사법과 군사적 사항 등도 살폈다. 조선 건국 처음에 그대로 사용하여 도를 순행하도록 안렴사를 파견했다.

안렴사 다음에 사용된 관직명은 도관찰출척사 혹은 관찰출척사였다. 이후 '도'와 '출척'이 점차 탈락되면서 관찰사로 확립된 셈이다. '도都'는 우두머리라는 뜻이다. '출척黜陟'에서 '출'은 물리치는 것이고, '척'은 높이고 추천한다는 뜻으로 반대어가 합성된 용어이다. 관찰사가 출척한다는 것은 지방관을 감찰하여 잘하고 못한 정도에 따라 승진시키거나 관직을 삭탈하는 임무였다.

한편 직함의 뜻을 살펴보면 '안렴'은 살핀다는 의미이고, '출척'은 감찰 권한에만 관찰사의 특징이 한정된 감이 있다. 그러나 관찰사는 단지 우두머리이거나 살피거나 감찰만 하는 특정한 부분에 국한할 수 없는 자리였다. 왕의 대행자로 도道의 모든 지방관과 백성에 대한 일괄 통치권자로 그 위상이 정립되어 나갔다. 그 가시적 결과가 '관찰사'라는 명칭의 확정이었다. 이처럼 직명의 변화는 제도의 변화를 대표한다.

8도별로 달랐던 관찰사제 정립 시기

안렴사·관찰출척사·도관찰출척사·도관찰사 등에서 관찰사로 확정된 시기는 전국이 동일하지 않다. 관찰사제의 정비 과정은 도별로 각각 다른 속도로 진행되었다. 관찰사라는 직명이 확정된 때는 충청도·강원도-황해도-경상도-전라도-경기도·함경도·평안도 순이다.

직명은 단계마다 차례로 단선적으로 바뀌지 않았고 8도마다 다르게 혼용되었다. 예컨대 1402년(태종 2) 1월 20일에 태종은 직명을 정비하면서 도관찰출척사 제도를 복구했다. 이에 맞춰 박은朴붑을 도관찰출척사에 임명하였음에도 불구하고 같은 해 5월 7일에 박은이 의정부에 보고한 내용을 언급할 때 관찰사로만 표기했다. 이와 같은 직명의 혼용 사례는 관찰사제가 정비되는 세조 때까지 자주 발견된다.

관찰사로 안착되기 전에 사용된 4개 관직명이 8도별로 사용된 여부를 〈표 3〉에 정리해 보면 각 도별로 사용된 명칭 종류가 달랐다.

〈표 3〉은 관찰사 이전에 사용된 4개 직명의 도별 사용 여부를 표시한 것이다. 표에서 경상·전라·충청·평안 등 4개 도는 도명에 그대로 직명이 붙여졌다. 반면에 경기는 '경기좌우도 관찰출척사'·'경기

도 관찰사'·'경기우도 도관찰사'로, 강원은 '강원도 안렴사'·'교주강릉도 안렴사'로, 함경도는 '함길도 도관찰사'로, 황해도는 '황해도 도관찰사', '풍해도 도관찰사' 등으로 불렸다.

〈표 3〉 관찰사 이전 여러 명칭의 도별 사용 여부[17]

	경기	강원	경상	전라	충청	평안	함경	황해
안렴사		○						
도관찰출척사			○		○			○
관찰출척사	○	○	○	○				○
도관찰사	○	○	○	○	○	○	○	○

각 직명이 사용된 도별 빈도는 도관찰사가 가장 많아서 8도 모두에서 사용되었다. 관찰출척사는 5개 도에서, 도관찰출척사는 3개 도에서 사용되었다. 안렴사는 강원도에서만 찾아진다. 전국은 대부분 관찰출척사와 도관찰사를 거쳐 관찰사로 직명이 확정되었음을 알 수 있다.

8도에 관찰사제가 정비된 시기는 도별로 어떠했을까?

조선 전기 관찰사제의 정비 과정은 『경상도선생안』의 내용을 근간으로 이해되고 있다. 안렴사(1388년, 우왕 14)→도관찰출척사(1388년, 창왕 1)→안렴사(1392년, 태조 원년)→도관찰출척사(1392

년, 태조 2)→안렴사(1401년, 태종 원년)→도관찰출척사(1402년, 태종 2)→관찰사(1466년, 세조 12)가 그 내용이다.

세조는 즉위한 지 12년째 1월 15일에 관직 제도를 새로 정하여 발표했다. 이때를 관찰사로 관직명을 확정한 시점이면서 관찰사제가 정립된 때로 본다. 하지만 도별로 관직명의 사용 실제를 『실록』을 통해 정리해 보면 관찰사 이전 직명이 사용된 하한 시기가 달랐다.

8도에서 관찰사 이전의 직명이 완전히 소멸되는 시점은 관찰사제의 정립시기로 해석할 수 있다는 점에서 직명의 사용 연한은 의미를 갖는다. 관찰사 이전 직명이 사용된 하한 시기를 도별로 정리하여 관찰사제의 정비시점을 산출하는 기준으로 삼아보면 도별 제도적 시행 실제를 살필 수 있는 것이다.

『실록』과 『승정원일기』에서 도별로 사용된 관찰사 이전의 직명들이 사용된 하한 시점은 충청도(1461년, 세조 7), 강원도(1461년, 세조 7), 황해도(1462년, 세조 8), 경상도(1463년, 세조 9), 전라도(1464년, 세조 10), 경기도(1465년, 세조 11), 함경도(1465년, 세조 11), 평안도(1465년, 세조 11) 등이다.

이처럼 관찰사제의 정비 과정과 정립은 현대적 감각과는 달리 도 단위로 달랐다. 이 점은 조선을 이해하는 데 중요한 시사점을 준다. 중앙에서 결정한 특정 제도 시행이 동시에 각 도단위로 시행되었을 것이라는 상식적 이해로 이 시대를 바라보는 시선에 주의가 필요하다는 환기점이기 때문이다. 조선이 지방을 통치하는데 8도별 공통된 사항도 있지만 도별 지역적 특성에 따른 시행의 조율이 병행했다.

관찰사 직명의 정립 시기로 보면, 충청도와 강원도가 1461년(세조 7)으로 가장 빠르다. 다음은 1년씩의 차이를 두고 황해·경상·전라가 각각 1462년(세조 8)·1463년(세조 8)·1464년(세조 9)·1465년(세조 10)까지 사용되었다. 그리고 가장 늦은 도는 경기·함경·평안으로 모두 1465년(세조 11)까지 사용되었다. 전국 8도는 모두 세조 때에 관찰사란 직명으로 단일화되었지만 가장 빨리 관찰사로 직명이 바뀐 충청도와 가장 늦은 경기·함경·평안 간의 차이는 4년의 간극이 있었다.

짧다면 짧다고 하겠고 길게 보면 또 그렇기도 한 간극이다. 시간에 대한 감각보다 분명한 것은 제도 정립의 점진성이고 도별로 다르게 적용된 조선 사회의 특이점이라 하겠다.

법전으로 보는 관찰사의 임기 변화

관찰사의 직명이 정비되는 과정과 마찬가지로 법전에 정립된 관찰사의 제도적 모습은 일도지주로서의 권한과 책임의 강화였다. 안렴사에서 관찰사로 직함이 바뀌었지만 『경국대전』에 확정된 관찰사의 임기는 1년이었다.

조선 전기를 보내고 18세기가 되어 『속대전』에 명시된 관찰사의 임기는 2년으로 바뀌었다. 15세기 말의 『경국대전』에서 영조 때 『속대전』까지 어떤 논의와 조율이 있었기에 관찰사의 임기가 2백 년 넘는 시간을 거쳐 변화한 것일까?

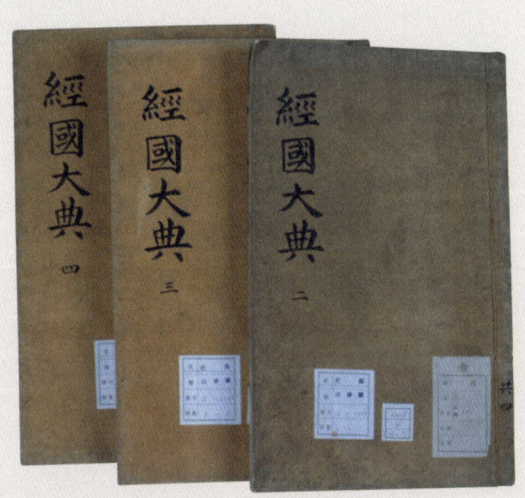

더욱이 경기감사만은 『속대전』에서도 임기가 여전히 1년으로 유지되었다. 경기감사의 임기마저 2년으로 확정된 것은 『대전회통』에서야 정립되었다. 그렇다면 경기감사는 왜 이렇게까지 늦게까지 임기가 1년이었을까?

1년 임기에서 2년으로 임기를 연장하는 문제를 구임제久任制 논의라고 한다. 그 논쟁 과정을 밟아가다 보면 조선 사회에 구축되고 수정되어진 관료제에 대한 당시 고민을 알게 된다. 구임제를 주장하는 이유와 반대하는 이유는 그럴만한 논지로 팽팽하게 맞섰다. 결국 법전에 실리게 된 구임제가 어떻게 채택되었는지 몇몇 중요한 논쟁을 중심으로 살펴보며 위의 질문에 답을 찾아보자.

세종의 제안

『경국대전』에 감사 임기가 1년으로 정해졌지만, 앞선 때부터 이를 반대한 인물이 있었다. 바로 세종이다.

"각 도의 감사는 한 방면의 중임인데, 임기가 1년이어서 도내의 폐해를 고루 알지 못하고 겨우 문서를 행하니 매우 좋지 않습니다. 청하옵건대 여러 도와 양계[兩界: 함경도와 평안도]를 모두 만 30개월을 채워야 (감사를) 바꿀 수 있게 하고, 경

상도 상주, 전라도 전주, 황해도 해주, 강원도 원주, 충청도
청주, 경기 광주廣州는 (감사의) 관품에 따라 겸임하고 가족
을 데리고 부임하게 하게 하소서."

―『세종실록』 30년 4월 22일

1448년(세종 30)에 세종은 감사의 1년 임기를 30개월로 연장하
였다. 관찰사가 지역의 상황을 파악하고 백성을 괴롭히는 오래된
지역 문제를 시정하기 위한 것이었다. 세종이 즉위한 지 30년 만에
내놓은 감사 구임 방안은 그가 즉위한 7년째부터 참으로 오랫동안
구상한 일이었다.

"중외가 떠들어대며 모두 불편하다고 하였는데, 혹은 말하
기를, '선왕先王이 이루신 법을 변할 수 없다.' 하고, 혹은 말
하기를, '백성들에게 해로움이 있다.' 하고, 혹은 말하기를,
'관제官制가 문란해진다.' 하고, 혹은 말하기를, '부모 봉양을
오래 궐하게 된다.' 하고, 혹은 말하기를, '자녀의 혼인이 때
를 잃게 된다.' 하여, 폐해를 말하는 것이 여러 가지였다."

―『세종실록』 7년 6월 27일

이 실록 기사는 세종이 1425년 수령의 임기를 절반으로 줄이려는 신하들의 상소를 받고 답한 것이다. 그런데 당시 상소는 다름 아닌 집현전 신하 13명이 올렸다. 세종은 "내가 너희들과 대하여 보는 날이 많으니 얼굴을 맞대고 만나서 자세하게 이르겠다."라면서 구임제에 대한 세종 자신의 생각을 설명한 대목이다. 관직을 오래 맡기는 것, 즉 구임제는 불가하고 자주 교체하는 것이 유익하다는 것이 어느 경전과 사기 서적에 실렸는지 따져 물었다. 그러면서 신하들이 말하는 불편함을 지적하여 말하였다.

세종이 거론한 반대 이유 중 앞선 왕들이 정한 법이라 바꿀 수 없다거나, 관직자가 바뀌지 않고 오래 맡으면 백성들에게 해롭다는 것은 대의적 명분이 있었다. 하지만 부모 봉양을 못하게 되는 것이나 자녀 혼인의 때를 잃게 되는 것은 관직자 본인의 문제였다. 물론 효를 중요하게 여기는 사회적 예법에서 보면 나름의 큰 이유일 수 있지만 결국 개인에 한정되었다.

세종은 신하들의 반대에도 불구하고 구임제를 강하게 실행하여 나갔고, 왕에 오른 지 30년이 되어서 이제 관찰사의 구임제를 제안하고 실행에 옮겼다. 하지만 세종이 결정한 감사 구임제는 얼마 유지되지 못했다. 대신들이 감사의 임기가 너무 길다고 반대하며 1년 임기로 돌아갈 것을 주장하였다. 지속적인 반대와 함께 세종이 34년을 끝으로 세상을 떠나 논쟁을 더 할 수 없게 되었기도 하다. 결국 성종 때 반포된 『경국대전』에 법률로 정해진 감사 임기는 1년이었다.

조광조와 이이의 구임제 제안

법전에 확정된 감사의 1년 임기는 중종 때 다시 논의가 일어났다. 관찰사만이 아니라 관원의 구임에 대한 여러 논의가 있었다. 지방 통치와 제도에 대한 전면적 조정이 거론되었다.

> "백성을 돌보는 것은 수령에게 달려 있으나 수령을 어떻게 낱낱이 세세하게 가리겠는가? 감사라면 팔도에 8인뿐이니 오히려 정밀하게 가릴 수 있다. 내가 듣건대, 경상도 감사 김안국이 직임에 성실을 다하는 자라 한다. **각별히 현능賢能한 사람이 있으면, 내 생각에도 대신과 의논하여 구임하도록 꾀하고 싶다.**"
>
> —『중종실록』 12년 11월 19일

중종이 구임을 꺼낸 것은 우선 김안국이라는 유능한 감사에 특정한 제안이었다. 하지만 영의정과 우의정 등 신하들은 정례화할 수 없다는 입장을 내놓았다. 첫째 경상도는 땅이 크고 사람이 많아서 소송이 매우 번다하여 병이 없는 사람이 감사로 가도 1년을 겨우 지탱하는데 1년을 더 지탱하기 어렵다는 점, 둘째 임기를 연장하려면 관찰사가 수령을 겸임해야 하니 경상도를 반드시 2개 도로 나누어야 한다는 점이 반대하는 이유였다.

의아한 점은 권한을 부여하는 왕은 구임을 주장하는데 지방에 파견될 신하들은 1년 임기를 주장한 점이다. 지방 통치에 안정을 취하고자 하는 왕과 실제 관직을 감당해야 하는 신하의 입장 차이가 담긴 것일까?

하지만 모든 신하가 구임제를 반대한 것도 아니다. 중종 때 개혁 정치를 펼쳤던 조광조는 구임제를 찬성하였다.

> "감사의 임기를 2년으로 하는 일은, 일찍이 여러 번 의논하였습니다. **2년 임기로 하지 않으면 결단코 효과를 볼 수 없습니다.**"
>
> —『중종실록』 14년 2월 14일

조광조의 강한 주장은 결국 중종에 의해 이조吏曹에 분부가 내려졌고 확정되었다. 하지만 바로 그 해에 조광조가 기묘사화에 휩쓸려 죽음에 이르게 되었다. 조광조가 사라진 조정에서 내려진 왕의 분부는 전혀 다른 내용을 담아 8도 전역에 내려졌다.

"아, 덕이 없고 어두운 자질로 외람되게 어렵고 큰 사업을 맡으매, 정성을 기울여 잘 다스리고자 도모하여 온 지 이제 14년이 되었으나 혜택이 내려지지 못하여 백성이 은덕을 보지 못하니 늘 스스로 매우 책망하여 그 까닭을 구명한다. '감사를 자주 갈므로 선화宣化가 흡족하지 못한 데에 허물이 있다.'라고 말하는 사람이 있고 경상도는 인물이 많고 재역이 커서 한 감사로서는 다스려 낼 수 없으므로, 나도 그 말을 미덥게 여겨 임기를 2년으로 정하고 한 도를 둘로 나누기도 하였는데, 이토록 민폐가 있을 줄 알았겠는가! 더불어 낙성樂成하기를 바랐는데 도리어 소요하게 되었다. 미혹하여 복구하지 않으면 폐해가 장차 더욱 만연할 것이며, 일은 마땅한 처리가 귀한 것이고 여러 번 바꾸어도 관계없으므로, 대신大臣·대간臺諫·시종侍從들과 반복하여 면대面對해서 논하매 **기왕에 경솔히 변경한 잘못을 깊이 뉘우쳤다.** 6도의 **감사는 도로 1년을 임기로** 교체하고 경상도는 다시 한 도로 합하여 조종께서 오래 행해오신 제도를 준수한다."

―『중종실록』 14년 11월 30일

중종은 이전에 구임제를 시행하려 한 것을 "경솔한 잘못"이라고
했다. 위의 글은 전국 백성이 알도록 내리는 왕의 말이기에 더욱 놀
랍다. 이렇게 "뉘우친" 중종은 구임제를 포기하고 감사의 임기를 1
년으로 할 수밖에 없었다.

신하 중에 구임제를 강력하게 주장한 또 다른 사람은 율곡이란
호로 유명한 이이였다. 이이는 개혁해야 할 시폐時弊 네 가지를 왕
에게 올렸다. 첫째 인재 등용, 둘째 공안貢案 개정, 셋째 수령을 줄
이고, 넷째 감사를 구임시키는 것 등이었다. 이 중에서 감사 구임에
대한 주장을 그의 글로 살펴보자.

그림 22
〈이이 표준영정〉, 전통문화포털에서 전재

"이른바 감사를 구임시켜야 한다는 것은, **감사는 한 도의 주인이므로 그 직에 오래 있으면서** 백성들의 신뢰를 쌓아야만 왕화王化를 펼 수 있고 호령이 시행되어서 평상시에는 정사를 이룰 수 있고 위급한 때에는 변란에 대응할 수 있는 것입니다. 지금은 그렇지 아니하여 감사의 임기가 단지 1년인데다가 가족마저 데려가지 못하기 때문에 사람들이 모두 싫어하여 명을 받는 날부터 이미 병을 핑계 대고 사임할 생각을 가지는가 하면 수개월 동안 지체하면서 임무를 수행할 생각을 갖지 않다가 끝내는 병으로 면직하게 됩니다. 이 때문에 도에는 늘 주인이 없는 것과 같이 정사를 담당하는 사람이 없으므로 백성들이 교화를 받지 못하게 됩니다. 그중에는 국가를 위할 마음을 가진 자로서 정치와 교화를 정리하고 싶어도 **임기가 얼마 안 가서 만료되어** 업적을 이룰 수 없습니다. 때문에 감사가 있든 없든 백성들은 상관조차 하지 않으니, 감사를 두는 것이 어찌 진정 이러한 것이겠습니까."

－『율곡전서』, 「의시폐소擬時弊疏」

상소문에 담긴 이이의 구임제론은 꽤 명확하다. 백성을 제대로 통치하고 지역 상황을 이해하여 시정하는데 1년으로는 불가능하다는 것이 이이의 생각이었다. 고르고 골라서 적합한 관료를 지방에 보내면 그래도 임기 2년을 맡아보게 해야 백성이 편안해질 수 있다고 주장했다.

이이의 상소를 받은 선조가 어떤 결정을 내렸는지 실록에 자세하지 않다. 하지만 이후에도 구임제가 계속 논의되는 것을 보면 이이의 주장에도 불구하고 확정되지는 못한 듯하다. 하지만 이이의 주장은 송시열을 비롯해서 이후 구임제 논의에 큰 근거가 되었다.

현종은 여러 신하에게 구임제에 대한 의견을 물었다. 전란을 겪으며 변화된 사회 상황에 따라 이전과는 달리 신하들 중에도 여러 명이 구임제를 찬성하게 되었다. 민정중이 정리한 신하들의 의견은 다음과 같다.

> "근래 여러 도의 감사 구임이 편한지 편하지 않은지로 임금께서 하교하신 대로 **여러 대신에게 물었습니다.** 영중추부사 이경석은 **마땅하다**고 말했고, 영의정 정태화도 구임이 **진실로 좋으나** 오직 적절한 사람을 얻는 데에 달려있다고 했습니다. 행판중추부사 정지화도 구임하는 것이 **옳다**고 말했습니다. 행판중추부사 송시열은 감사가 구임하지 않으면

불가하다는 뜻을 일찍이 이미 진달했다고 말했습니다."

—『승정원일기』 현종 10년 2월 8일

이경석·송시열은 구임제를 전면 찬성했다. 정태화는 구임제를 반대한 것은 아니지만 조건부로 찬성하였다. 즉 적합한 사람을 가려 뽑아서 구임시켜야 한다는 의견이었다. 구임제에 대한 신하들의 찬성에 힘입어 현종은 감사의 기한을 2년으로 하도록 명령을 내렸다.

구임제 논의는 현종 때 이후로는 대체로 실시 여부보다는 구임제 실시를 위한 여러 방안을 위한 의논으로 진전되었다. 결국 영조 때 반포된 『속대전』에 감사 임기가 2년으로 확정되고 법문화되었다.

경기감사의 임기가 『속대전』에서도 여전히 1년으로 유일하게 남은 것은 앞서 보았던 경기감영의 특징에서 가늠될 듯하다. 경기감사는 궁궐에 자주 입궐하여 왕에게 직접 현안을 아뢰기도 했다. 더 나아가 영조와 정조는 경기감사만은 관찰사 중에서 중앙직으로 바꾸려는 시도까지 있었음도 보았다. 그럼에도 불구하고 『대전회통』에는 일원화되어 전국 8도의 감사가 똑같이 2년으로 임기가 확정되었다. 고종 때 시행된 여러 지방행정제 정비는 각 도 단위의 특수한 지역적 특징을 수렴하여 동일하고 균질적인 행정력을 강화하는 방향으로 모색된 단서가 아닐까 생각한다.

들어가는 말

1 『속대전』 이전 외관직 관찰사파觀察使罷

1. 관찰사의 행차 -부임과 순행 모습

2 관찰사가 받은 교서와 유서 및 밀부에 대해 다음의 연구가 참고 된다. 특히 '박경후의 유서'와 '『보인부신총수』'에 대한 자료를 소개하여 이해를 높였 다. 노인환, 「조선시대 관찰사 교서와 유서의 문서 행정과 운용」, 『고문서연 구』 48, 한국고문서학회, 2016.

3 『금영일기錦營日記』은 1780(정조 4)에 작성되었다. 충청감사로 부임한 심이 지가 재임 기간 동안 수행한 업무를 중심으로 쓴 사환일기이다. 금영은 충 청감영의 별칭이다.

4 『완영일록完營日錄』은 전라감사 서유구徐有榘(1764년(영조 40)~1845년(헌 종 11))가 그의 재임 기간인 1833년(순조 33) 4월부터 1834년(순조 34) 12월까지를 적은 사환일기이다. 완영은 전라감영의 별칭이다.

5 『미암일기眉巖日記』는 보물로 지정된 유희춘(1513년(중종 8)~1577년(선 조 10)의 일기이다. 현재 전하는 것은 1567년(선조 즉위년) 10월 1일부터 1577년 5월 13일까지다. 유희춘이 전라감사가 재임한 때는 1571년 3월 21일부터 같은 해 10월 14일까지로, 임진왜란 이전의 관찰사의 일상을 살필 수 있다.

6 『세종실록』 27년 11월 4일.

7 김경숙, 「16세기 전라도 관찰사의 순행길」, 『지방사와 지방문화』 13, 역사 문화학회, 2010, 49-52쪽.

2. 문서를 통해 본 관찰사의 한해살이

8 관찰사가 장계를 모아 장계 등록을 만든 것처럼 수령은 재임 기간 동안 관찰사에게 올린 보고서인 '첩정'을 정리했다. 충청도 임천수령의 첩정을 담은 사료와 연구가 참고 된다. 이선희, 『국역 가림보초』, 세종대왕기념사업회, 2014; 이선희, 「18세기 수령과 관찰사의 행정마찰과 처리방식-『가림보초』를 중심으로」, 『고문서연구』 27, 한국고문서학회, 2005. 『영영장계등록』의 장계를 분석한 연구는 다음과 같다. 이선희, 「조선 후기 충청도 수령과 도내 행정기관의 운영체계와 조정방식」, 『동양고전연구』 81, 동양고전학회, 2020.

9 『기영장계등록畿營狀啓謄錄』은 경기감사 심이지가 재임 기간 중 작성한 장계를 등록한 것이다. 여기에 실린 장계를 분석한 연구가 참고 된다. 이선희, 「18세기 경기도 관찰사의 업무 실태와 특징-『기영장계등록』을 중심으로」, 『장서각』 23, 한국학중앙연구원, 2010.

10 『기영장계등록』에 대한 내용은 다음 연구 성과에 기반 하여 정리했다. 이선희, 앞의 논문, 2010.

11 성호 이익의 군현제론에 대한 다음의 연구 성과가 참고 된다. 이선희, 「조선 후기 이익李瀷의 경험과 군현제론」, 『동양고전연구』 96, 동양고전학, 2024.

3. 관찰사의 공간, 감영

12 이선희, 「조선 후기 8도 감영의 입지 특징과 관원 구성에 대한 비교 고찰」, 『조선시대사학보』 105, 조선시대사학회, 2023, 213쪽.

13 경기감영의 연혁과 한성부 내 입지에 대한 다음의 연구 성과에 바탕하여 정리했다. 이선희, 「조선 후기 한성부 내 경기감영의 입지 연구」, 『서울학연구』 45, 서울시립대학교 서울학연구소, 2011.

14 성저십리에 설치된 관청의 종류와 특징을 통해 성저십리의 공간적 역할을 분석한 연구가 참고된다. 이선희, 「조선 후기 성저십리에 위치한 관서의 종류와 입지 특징」, 『장서각』 41, 한국학중앙연구원, 2019.

15 화사군관의 파견 연혁과 역할에 대해서는 다음의 연구가 참고된다. 이훈상, 「조선 후기 지방 파견 화원들과 그 제도, 그리고 이들의 지방 형상화」, 『동방학지』 144, 연세대학교 국학연구원, 2008.

4. 관찰사제 확립 과정과 의미

16 제도의 확립 시기는 직명이 확정된 실제 용례를 분석함으로써 사회적으로 제도가 확정된 실제 시점을 확인할 수 있다. 관찰사 직명의 확립 과정에 대해서는 다음의 연구에 따랐다. 이선희, 「조선시대 8도 관찰사의 재임실태」, 『한국학논총』 43, 국민대학교 한국학연구소, 2009a.

17 이선희, 앞의 논문, 2009, 215쪽.

◈ 참고문헌

1. 자료

『조선왕조실록』.

『승정원일기』.

『비변사등록』.

『경국대전』.

『속대전』.

『대전통편』.

『대전회통』.

『신증동국여지승람』.

『여지도서』.

『증보문헌비고』.

『기영장계등록』.

『영영장계등록』.

『미암일기』.

『금영일기』.

『영영일기』.

『완영일록』.

『노상추일기』.

『성호사설』.

『목민심서』.

「해동지도」.

「대동여지도」.

「한성도」.

2. 단행본

이수건, 『한국중세사회사연구』, 일조각, 1984.

이존희, 『조선시대 지방행정제도 연구』, 일지사, 1990.

3. 논문

김경숙, 「16세기 전라도 관찰사의 순행길」, 『지방사와 지방문화』 13, 역사 문화학회, 2010.

노인환, 「조선시대 관찰사 교서와 유서의 문서 행정과 운용」, 『고문서연구』 48, 『고문서연구』 27, 한국고문서학회, 2016.

이선희, 「18세기 수령과 관찰사의 행정마찰과 처리방식-『가림보초』를 중심 으로」, 『고문서연구』 27, 한국고문서학회, 2005.

_____, 「조선시대 8도 관찰사의 재임실태」, 『한국학논총』 43, 국민대학교 한국학연구소, 2009a.

_____, 「조선 후기 영남지방 지방관의 행정소통 체계와 조정방식」, 『영남 학』 16, 경북대학교 영남문화연구원, 2009b.

_____, 「18세기 경기도 관찰사의 업무 실태와 특징-『기영장계등록』을 중

심으로」, 『장서각』 23, 한국학중앙연구원, 2010.

이선희, 「조선 후기 한성부 내 경기감영의 입지 연구」, 『서울학연구』 45, 서
　　　　울시립대학교 서울학연구소, 2011.

＿＿＿, 『국역 가림보초』, 세종대왕기념사업회, 2014.

＿＿＿, 「조선 후기 성저십리에 위치한 관서의 종류와 입지 특징」, 『장서각』
　　　　41, 한국학중앙연구원, 2019.

＿＿＿, 「조선 후기 충청도 수령과 도내 행정기관의 운영체계와 조정방식」,
　　　　『동양고전연구』 81, 동양고전학회, 2020.

＿＿＿, 「조선 후기 8도 감영의 입지 특징과 관원 구성에 대한 비교 고찰」,
　　　　『조선시대사학보』 105, 조선시대사학회, 2023.

＿＿＿, 「조선 후기 이익의 경험과 군현제론」, 『동양고전연구』 96, 동양고전
　　　　학회, 2024.

이수건, 「경상도감영의 성립과 직제」, 『경상감영의 종합적 연구』, 경북대학
　　　　교 영남문화연구원, 2004.

이훈상, 「조선 후기 지방 파견 화원들과 그 제도, 그리고 이들의 지방 형상
　　　　화」, 『동방학지』 144, 연세대학교 국학연구원, 2008.